高等职业教育会计类专业系列教材

会计基本技能

主　编　刘　涓　刘国莲　彭彤丽
副主编　刘汉美　周　洁　祝　旭

中国轻工业出版社

图书在版编目（CIP）数据

会计基本技能/刘涓，刘国莲，彭彤丽主编．—北京：中国轻工业出版社，2021.8

高等职业教育“十三五”规划教材

ISBN 978-7-5184-1992-0

Ⅰ.①会…　Ⅱ.①刘…　②刘…　③彭…　Ⅲ.①会计学—高等职业教育—教材　Ⅳ.①F230

中国版本图书馆 CIP 数据核字（2018）第 175013 号

责任编辑：张文佳　　责任终审：劳国强　　封面设计：锋尚设计
版式设计：砚祥志远　　责任校对：吴大鹏　　责任监印：张　可

出版发行：中国轻工业出版社（北京东长安街 6 号，邮编：100740）
印　　刷：北京君升印刷有限公司
经　　销：各地新华书店
版　　次：2021 年 8 月第 1 版第 3 次印刷
开　　本：720×1000　1/16　印张：10.25
字　　数：200 千字
书　　号：ISBN 978-7-5184-1992-0　　定价：32.00 元
邮购电话：010-65241695
发行电话：010-85119835　传真：85113293
网　　址：http://www.chlip.com.cn
Email：club@chlip.com.cn
如发现图书残缺请与我社邮购联系调换
210897J2C103ZBW

前 言

随着中国市场经济改革的不断深入，各行各业对财经从业人员的需求增加，对财务人员专业水平的要求也在不断提升。为此，作为职业学校所面临的迫切任务就是根据行业对专业人员的要求不断调整教学内容，培养符合企业需要的、既懂专业又有较高水平的实际操作技术的技能型人才。

根据高职高专教育的培养目标，针对高职高专教育的培养对象特征，结合高职高专财经和管理类专业对相关基本技能的要求，遵循“理论知识够用，重在技能和动手能力培养”的原则，我们编写了这本《会计基本技能》。

本书依托直观的财务工作所必需的基本技能，采用项目化设计，将财务工作基本技能划分为财务工作岗位数字书写技能、货币识假技能、点钞技能、数据与字符录入技能和珠算技能五大项目，在每个项目中又将知识内容细分为各个任务单元。每个项目都设有技能目标、工作描述、能力训练。每个任务单元在讲授基本知识和技能后，都附有该能力训练的要求和考核参考标准。

作为一名优秀的财务工作人员，不但要具备处理一般会计事务的专业基本知识，还要具备较高的处理具体事务的能力，如数字书写的能力，点钞和识别假钞的能力，运用计算器和算盘进行数字运算的能力。用“台上一分钟，台下十年功”这句话来形容财务人员的基本工作技能再合适不过了。要想提高业务技术水平关键在手上，打算盘、用电脑、开票据、点钞、识别假钞都离不开手。而要提高手上功夫，关键在一个勤字，勤能生巧，巧自勤来。有了勤，就一定能达到技术操作上的理想境界。

本书既可作为高等职业教育相关课程的教材，也可作为财会人员的岗位培训教材，还可作为财会工作者和经营管理人员的参考用书。通过本书的学习，读者可以深入了解财经工作所必须具备的基本技能。

在本书的编写过程中，除了得到湖南工业职业技术学院经济管理学院领导的大力支持外，还得到同行们的热情帮助，以及湖南工业职业技术学院的学生吴雯和罗粤梅等的帮助，本书的图、表技术处理等得到了同事祝旭的帮助，在此一并致谢。本书内容如有引用，由于疏忽未做注明之处，在此一并致歉。

由于编者才学浅疏，疏漏之处在所难免，敬请广大读者多提宝贵意见，不胜感激！

编　者

2018 年 6 月

目　录

项目一　财务工作岗位数字书写技能

技能目标

1. 掌握阿拉伯数字书写基本要求与规范以及账表数字书写技能
2. 掌握财务工作专用汉字、中文数字的标准写法及运用技能
3. 掌握财经书写中的会计科目、摘要、阿拉伯数字书写错误的更正方法

工作描述

1. 工作对象：各种会计凭证、票据、会计账簿、会计报表
2. 工作用品：财务工作专用笔、会计数字练习作业本、直尺
3. 工作场所：从事会计、金融、审计、统计、税务、营销等各种经济管理工作的场所

能力训练

能力训练任务、目标、相关知识及训练方式，如表1-1所示。

表1-1　　能力训练任务、目标、相关知识及训练方式

任务	目标	相关知识	训练方式
阿拉伯数字的书写	①能准确、规范地书写阿拉伯数字 ②能准确、规范地在账本上书写阿拉伯数字	①阿拉伯数字的书写要求 ②账本数字的书写规范	用“会计数字练习作业本”或账页书写
中文数字的书写	①能正确地书写中文数字 ②能标准地书写大、小写金额 ③能正确地书写大、小写日期	①中文数字的写法要求 ②大、小写金额的标准写法 ③大、小写日期的标准写法	用票据填写软件平台或空白票据熟悉中文大、小写金额、日期的填写要求

任务一　阿拉伯数字的书写

一、阿拉伯数字的起源

阿拉伯数字 1、2、3、4、5、6、7、8、9、0 是国际上通用的数码，却并非由阿拉伯人创造，而是出自印度人之手。古时候，印度人把一些横线刻在石板上表示数字，一横表示 1，两横表示 2……后来，他们改用棕榈树叶或白桦树皮作为书写材料，并把一些笔画连了起来，例如，把表示 2 的两横写成 Z。

公元 8 世纪，印度一位叫堪克的数学家，携带数字书籍和天文图表，跟随商人的驼群，来到了阿拉伯首都巴格达城。这时，中国的造纸术正好传入阿拉伯。于是，他的书籍很快被翻译成阿拉伯文，在阿拉伯半岛上流传开来，阿拉伯数字也随之传播到阿拉伯各地。

随着东西方商业的往来，公元 12 世纪，这套数字由阿拉伯商人传入欧洲。欧洲人很喜爱这套方便适用的记数符号，他们以为这是阿拉伯人发明创造的。至 13 世纪，在意大利比萨的数学家斐波那契的倡导下，欧洲人也开始采用阿拉伯数字。15 世纪时这种现象已相当普遍。那时的阿拉伯数字的形状与现代的阿拉伯数字尚不完全相同，只是比较接近而已，为使它们变成今天的 1、2、3、4、5、6、7、8、9、0 的书写方式，又有许多数学家花费了不少心血。到了 1480 年，这些数字的写法才与现在的写法差不多。1522 年，当阿拉伯数字在英国人同斯托的书中出现时，已经与现在的写法基本一致了。

由于阿拉伯数字及其所采用的十进位制记数法具有许多优点，因此逐渐传播到全世界，为世界各国所使用。阿拉伯数字传入中国，大约是 13 到 14 世纪。由于我国古代有一种数字叫“筹码”，写起来比较方便，所以阿拉伯数字当时在我国没有得到及时的推广运用。20 世纪初，随着我国对外国数学成就的吸收和引进，阿拉伯数字在我国才开始慢慢使用，阿拉伯数字在我国推广使用才有 100 多年的历史。阿拉伯数字现在已成为人们学习、生活和交往中最常用的数字了。

二、阿拉伯数字书写的基本要求

数字书写是财务工作岗位中的一个重要环节。正确、规范和流利地书写数字，是财务人员应掌握的基本功。在财务工作中，填写票据、凭证、记账和制表，都要书写数字。因而，数字书写是否规范、正确、清晰、工整，将直接影响工作效率和质量。熟练掌握数字书写技能，能有效提高工作效率和质量；反之，将导致工作失误，甚至会对财产造成重大损失。为此，财政部、人民银行和语言文字工作委员会曾联合下文，对数字的书写做了明确规定。财务工作除了对汉字书写有明确的规范要求外，特别强调数字的汉字大写和阿拉伯数字小写要符合书写规范，字迹必须清晰、工整、避免混同，禁止涂改。

财经工作常用的数字有两种：一种是阿拉伯数字；另一种是中文数字。通常用阿拉伯数字表示的金额数字简称为“小写金额”，将用中文数字表示的金额数字简称为“大写金额”。阿拉伯数字与中文数字有不同的规范化要求，具体要求是正确、规范、清晰、整洁、美观。

（1）正确。正确是指对所发生的经济业务的记录，一定要正确地反映其内容，反映其全过程及结果，反映其全貌，所用文字与数字一定要书写正确。

（2）规范。规范是指对有关经济活动的记录书写一定要符合财会法规和会计制度的各项规定，符合对财务人员的要求。记账、核算、分析和编制报表，都要书写规范、数字准确、文字适当、分析有理，要严格按书写格式书写。文字要以国务院公布的简化汉字为标准，不要滥造简化字，不要滥用繁体字。数码字要按规范要求书写。

（3）清晰。清晰是指账目条理清晰，书写时字迹清楚，举笔坚定，无模糊不清的现象。

（4）整洁。整洁是账面清洁，横排、竖排整齐分明，无杂乱无章现象；书写工整、不潦草，无大小不均、参差不齐及涂改现象。

（5）美观。美观是指结构安排合理，字迹流畅，字体大方，显示个人功底。

三、阿拉伯数字的书写规范

重视财务工作中数码字的训练，有助于财务人员素质的提高。财务人员应保持个人的独特字体和书写特色，以防止别人模仿或涂改。高素质的财务人员的数字书写往往清晰、准确、合乎规范。字如其人，账如其人，让阅读者心情舒畅，体验到美的享受。阿拉伯数字的写法，过去只有印刷体是统一字形的，手写体是根据人们的习惯和爱好去写，没有统一的标准字体。近年来，随着经济发展，金融、商业等部门逐步采用一种适合商业、金融记数和计算工作需要的阿拉伯数字标准书写字体，其标准手写字体如图 1－1 所示。

图 1－1

财经工作离不开阿拉伯数字，在财务工作中书写的数字，同数学中或语文中的书写方法并不一致，也不尽相同。从字体上讲，既不能把这些数字写成刻版的印刷体，也不能把它们写成难以辨认的草体字，更不能为追求书写形式把它们写成美术体。从数字本身所占的位置看既不能把数字写满格，占满行，又不能把字写得太小，密密麻麻，让人不易辨认，更不能超越账页上既定的数格。从字型上看，既不能让数字垂直上下，也不能左倾右斜，更不能歪斜过度，毫无整洁感。而且，书写后要让人看着合乎规定要求，既流利又美观，还方便纠错更改。总之，财会工作中，尤其是会计记账过程中，阿拉伯数码字的书写同普通的书写汉字有所不同，且已经约定俗成，形成会计数字的书写格式。

（一）总体规范

（1）书写数字时应当自上而下，从左至右，一个一个地认真书写，不得连笔，以免分辨不清。

（2）书写时字体要各自成形，大小均衡，排列整齐，字迹工整、清晰，字体要自右上方向左下方倾斜写，倾斜度约为 60°。

（3）同行的相邻数字之间要空出大约半个阿拉伯数字的位置。

（4）每个数字要紧靠凭证或账表行格底线书写，一般每格（行）书写约 1/2 的高度为宜，上方预留 1/2 空格位置，便于以后修订错误记录时使用。

（5）除 4、5 以外的各单个数字，均应一笔写成，不能人为地增加数字的笔画，易认不易改。

（6）登记账表必须使用蓝色或黑色钢笔填写，现金支票要求用碳素笔填写。除复写用铅笔或圆珠笔外，一般不得用铅笔或红笔写数，红笔只能在订正或出现赤字时使用。

（二）单个数字规范

1. “1”像小铅笔

从右上角附近起，笔直拉斜线到左下角附近（右上线和左下线都要空一点）。不能写短，且要合乎斜度（60°）要求，防止被改为“4”“6”“7”“9”。收笔慎重，不要出现“喙”的病笔。类似收笔的4、7、9都要特别注意“喙”的病笔的出现。

2. “2”像小鸭子

起笔碰左线，再向上碰上线，向右碰右线，略成半圆，斜直线到左下角，碰下线一横，落笔应紧贴底线，收笔时笔锋应上绕，以免被改成“3”。收笔慎重，不能出现“喙”的病笔。

3. “3”像小耳朵

起笔不碰线，向上碰上线。向右不碰线，略成半圆（比2字上端的半圆小），再向中间，在中线以上停止，转向右下方碰右线，向下碰下线，弯弯地到左碰左线为止。上下都是大半个圆，但下面比上面大。要使起笔处至转弯处距离稍长，不应太短，同时转弯处要光滑，使其不易误认为“5”。

4. “4”像小旗子

从上线偏右起，向左斜线到下半格，碰左线后再横过线，向右碰线。第二笔从右线上部一半不到的地方向下，直斜下去到下线偏左碰线。顶部不封口，写第1笔画时应上抵中线，下至下半格的1/4处，并注意“4”的中竖要明显比“1”短；另其“∠”角要死折，使其不易改成“6”。

5. “5”像小鱼钩

从上线一半偏左，向左起笔，到中格角，再向上超过中线画一个大半圆碰右线、下线到左线为止。上面一横平，在上线下面，向右碰线。短横与“秤勾”必须明显，不可拖泥带水，以免与“8”混淆。

6. “6”像小口哨

从上线偏右一点起笔，向左下方画一个弧形，碰左线、底线，绕圈向上，画成一个小圆。小圆上面超虚线，不能把圆写得太小。竖画（起笔）应偏左，“4”“7”“9”的竖画应偏右；此外“6”的竖画应上提为一般数字的1/4，下圈要明显，使其不易改成“4”或“8”。6、8、9、0的圆圈都必须封口。

7. “7”像小镰刀

靠近上线，从左上线到右上角，再弯斜到下面，在中间偏左的地方碰下线。上段一横要既明显又平直，折画不得圆滑，以与“1”和“9”区分开来。“7”和“9”的竖画均可下拉出格至一般数字的1/4。

8．“8”像小葫芦

从右向上到左一个半圆，拐向右下，碰右线、下线、左线、回上去，在虚线以上和原线相交，直线到右上角附近与起笔的地方稍离开一些为止，一笔完成并且可以不封口。有两种笔顺，都起笔于右上角，结束于右上角，写8时，上边要稍小，下边稍大，斜S起笔也可直落起笔，终笔与起笔交接处应成菱形，以防把3改写成8。

9．“9”像小气球

上面一个圆是长圆，稍斜些，但四边碰线，在右上角附近向左下再一竖到下线中间偏左停笔。小圈不要留缝，一竖稍长，略出，使其不易与“4”混淆。

10．“0”像小鸡蛋

从上线中间起，做弧形向左碰线，做弧形碰下线，向上作弧形碰右线，作弧形向上与起点合拢。要闭合，不能写得太小，以免改成“9”；连写几个“0”时，不要写连接线。

总之，数码的宽窄与长短比例要匀称，字形要完全一致，不许多笔或少笔；同样的数字要笔顺一致，字体一致，宽窄一致，圆韵一致，圆直相接要吻合、自然、柔软、平滑，力求美观大方、眉目清新。

（三）“三位分节制”记数法

“三位分节制”记数法是国际上通用的一种记数方法，即对于整数位在四位或四位以上的数，从个位起，向左每三位数字作为一节，用分节点“，”或1/4格分开，最前面不足三位的可单独成一个分节，这种记数方法就是“三位分节制”记数法。

一般账表凭证的金额栏印有分位格，元位前每三位印一条粗线代表分节号，元位与角位之间的粗线则代表小数点，记数时不要再另加分节号或小数点，即数的小数位不用“三位分节制”记数法。

使用分节号能够较容易辨认数的数位，第一个三位是千，第二个三位是百万，第三个三位是十亿。使用分节号有利于财务人员进行数字的书写、阅读和计算工作，方便记忆与理解，特别是专业金融人士，如专业会计、基金经理、股票投资人等。

（四）账表数字书写要求

没有数位分割线的凭证账表上的标准写法：

（1）阿拉伯金额数字前面应当书写货币币种符号或者货币名称简写，币种符号和阿拉伯数字之间不得留有空白。凡阿拉伯数字前写出币种符号的，数字后面不再写货币单位。

（2）以元为单位的阿拉伯数字，除表示单价等情况外，一律写到角分；没有角分的角位和分位可以写出“00”或者“-”；有角无分的，分位应当写出“0”，不得用“-”代替。

（3）只有分位金额的，在元和角位上各写一个“0”字并在元与角之间点一个小数点，如￥0.08。

（4）元以上每三位用空出半个阿拉伯数字的位置书写，如￥1 578 943.02；也可以三位一节用“分位号”分开，如￥1，578，943.02。

（5）从最高位起，后面各分位格数字必须写完整，如壹万肆仟柒佰元整。（表1-2）。

表1-2　　账表数字书写示范

千	百	十	万	千	百	十	元	角	分
		￥	1	4	7	0	0	0	0

（五）关于人民币符号“￥”的使用

“￥”是人民币符号，我国1948年12月1日开始发行的人民币是以“元”为单位，而“元”的汉语拼音为YUAN。取元的拼音的第一个字母，再添加两横，组成“￥”，规定为人民币的符号。从此，人们就开始用“￥”符号表示人民币，在书写数字金额时用它作封头符号了，如人民币100元写作“￥100”。在填制票证时，小写金额前一般均冠以人民币符号“￥”。如￥6 700.4就已经表示了人民币陆仟柒佰元零肆分。书写时，在“￥”与数字之间不能留有空位，以防止金额数字被人涂改。在登记账簿、编制报表时，不能使用“￥”符号，因为账簿、报表上，一般情况下，不存在金额数字被涂改而造成损失的情况。在账簿或报表上如果使用“￥”符号，反而会增加错误的可能性。

技能练习

1. 训练任务

请按标准书写阿拉伯数字，如表1-3所示。也可根据附录一　财务工作岗位数字书写练习纸进行练习。

表 1－3　阿拉伯数字书写练习纸

____月____日										____月____日										____月____日										____月____日									
千	百	十	万	千	百	十	元	角	分	千	百	十	万	千	百	十	元	角	分	千	百	十	万	千	百	十	元	角	分	千	百	十	万	千	百	十	元	角	分

2. 训练要求

（1）每位学生领取一本财务工作岗位会计数学书写练习本，每天练习一页，每周上交一次，批阅后评讲。

（2）初始练习只要求规范，没有时间限制，随着练习次数的增多，要求在 25 分钟内按照阿拉伯数字书写标准完成整页数字练习纸。

3. 训练考核参考标准

扣分标准：每写错一字扣 2 分；未按规定时间写完，每少写一字扣 2 分，满分 100 分，扣完为止。考核参考标准如表 1－4 所示。

表 1－4　考核参考标准

考核内容	全部达标或 1～5 个数字不达标	6～10 个数字不达标	11～15 个数字不达标	16～20 个数字不达标	20 个以上数字不达标
评价等级	优秀	良好	中等	及格	不及格

数字全部达标时，一级 25 分钟以内完成；二级 30 分钟以内完成；三级 35 分钟以内完成；四级 40 分钟以内完成。

任务二　中文数字的书写

中文大写数字笔画多、不易涂改，主要用于填写防止涂改的销货发票、支票等银行结算凭证等信用凭证，书写时要准确、清晰、工整、美观。用正楷或行书书写，不得用草书书写。如果写错，要表明单据作废，需要重新填写。

一、中文大写数字的起源

中文大写数字的发展历史经历了早、中、晚三个时期，早期，在公元4世纪前后（约东晋末年），人们已开始在券契中使用大写数字。如《唐麟德元年西州高昌县里正史玄政纳当年官贷小子抄》载："崇化乡里正史玄政纳麟德元年官贷小子（"官贷小子"是官贷小麦利息的省称）贰斗，其年十二月叁拾日。"此抄载称，麟德元年十二月三十日，崇化乡里正史玄政向仓史缴纳了贰斗官贷小麦利息。又如《北凉玄始十一年马受条呈为出酒事》中有"合用酒柒斛"字样。这些带有零星大写数字的记录，距今已有1600多年。

中期，据明末清初考据家顾炎武考证，武则天不但把国号"唐"改为"周"，还制造出很多汉字，那一时期所立的石碑上面多有大写数字。诗文中也常见大写数字，如白居易的《白氏长庆集》中记述"况其军一月之费，计实钱贰拾漆（柒）捌万贯"。顾炎武在所著《金石文字记·岱岳观造像记》中推断"凡数字作壹、贰、叁、肆、伍、陆、漆、捌、玖等，皆武后所改及自制字"。

晚期，明朝初年，一起涉及六个部的左右侍郎的重大"郭桓贪污案"，就是通过篡改数字大肆侵吞钱粮，累计高达2 400多万石，几乎和当时全国秋粮实征总数相当。朱元璋下令将郭桓等同案犯斩首示众，同时制定了惩治经济犯罪的严格法令，并在财务管理上进行技术防范，把汉字中的数字"一、二、三、四、五、六、七、八、九、十、百、千"改为难以涂改的大写"壹、贰、叁、肆、伍、陆、柒、捌、玖、拾、佰、仟"。

大写数字是人们在长期的实践中发明出来的，陆续应用于日常生活之中。武则天承袭了民间的写法，大量使用大写数字，使之广泛普及。朱元璋下令在全国范围内强制性实施完整的大写数字，完善并规范了大写数字的应用。现代社会，银行票证、流动支票、实用发票、合同协议、账目单据等各类经济文本必须标明大写数字，已经成为"约定俗成"的规则，这也是数字大写的由来。

二、数字的中文书写

中文大写数字的特点是笔画多，不易涂改。中文大写数字一般用于书写财务方面有关的单据、发票、银行票据和一切收款、付款凭证等信用凭证，以及合同等正式凭证。书写时要准确、清晰、工整、美观。用正楷或行书书写，不得用草书书写。如果写错，要表明单据作废，需要重新填写。中文大写数字与日常书写习惯基本相同，但也要注意符合会计书写规范要求。

（一）数字和数位词缺一不可

数字包括：零、壹、贰、叁、肆、伍、陆、柒、捌、玖；数位词包括：拾、仟、万、亿、兆等；金额单位包括：元、角、分；常用词包括：人民币、整。数字和数位词一定要规范用字，切不可自造字，以防篡改。不得用中文小写“一”“二”“三”“四”“五”“六”“七”“八”“九”“十”或“廿”“两”“毛”“另”（或“0”）“园”等字样代替，不得任意自造简化字。如果金额数字书写中使用繁体字，如“贰”“陆”“圆”“萬”，也应受理。

（二）数字必须前加币种或货物名称

大写数字前必须冠以货币或货物的名称。一般有固定格式的重要凭证，其大写金额栏一般都印有“人民币”字样，大写金额数字应紧接“人民币”后面填写，不得留有空位。大写金额栏未印“人民币”字样的，应加填“人民币”三字。若为外币，则必须冠以外币名称，如美元、欧元、日元等。在填制没有固定格式的凭证单据时，要注意大写金额栏是否印有“人民币”三字，如果未印货币名称，应当加填货币名称。同样，货币名称与金额数字之间不得留有空白，货币名称后不能使用冒号。

【例1－1】将“￥46.78”表示为大写金额，应写为“人民币肆拾陆元柒角捌分”。

【例1－2】将“$32 580.00”表示为大写金额，应写为“美元叁万贰仟伍佰捌拾元整”。

在印有大写金额“万”“仟”“佰”“拾”“元”“角”“分”数位词的凭证上书写大写金额时，金额前面如有空位，可写“⊗”注销，阿拉伯金额数字中间有几个“0”（含分位），汉字大写金额前就要有几个“零”字。

【例1－3】将“300.70”大写金额应写成“⊗万⊗仟叁百零拾零元柒角⊗分”。

用大写数字表示货物重量、体积、长度等计量单位数值时，必须要在大写数字前加货物名称或“计”“总计”“合计”等字样，而且还要在大写数字尾端加上计量单位和“整”字。

【例1－4】将“15 694 吨煤炭”表示成中文数字，应写为“煤炭壹万伍仟陆佰玖拾肆吨整”或“煤炭总计壹万伍仟陆佰玖拾肆吨整”。

（三）有关零的写法

当小写金额数字中有“0”时，大写金额应该怎样书写，要看“0”所在的位置。

1. 金额数字末端的“0”

不管有一个还是连续多个，大写金额到非零数位后，用一个“整（正）”字结束，不需要用“零来表示”。

【例1-5】将“￥3.70”表示为大写金额，应写作“人民币叁元柒角整”。

【例1-6】将“￥100.00”表示为大写金额，应写作“人民币壹佰元整”。

2. 小写金额数字中间的“0”

大写金额数字应按照汉语语言规律、金额数字构成和防止涂改的要求进行书写。

（1）小写金额数字中间只有一个“0”的，中文大写金额数字要写成“零”。

【例1-7】将“￥1 409.52”表示为大写金额，应写作“人民币壹仟肆佰零玖元伍角贰分”。

（2）小写金额数字中间连续有几个“0”时，中文大写金额中间可以只写一个“零”字。

【例1-8】将“￥6 007.14”表示为大写金额，应写作“人民币陆仟零柒元壹角肆分。”

（3）小写金额数字万位（或元位）是“0”，或者数字中间连续有几个“0”，万位（或元位）也是“0”，但千位（或角位）不是“0”时，中文大写金额中可以只写一个“零”，也可以不写“零”。

【例1-9】将“￥1 680.32”表示为大写金额，应写作“人民币壹仟陆佰捌拾元零叁角贰分”，或写成“人民币壹仟陆佰捌拾元叁角贰分”。

【例1-10】将“￥1 600.32”表示为大写金额，应写作“人民币壹仟陆佰元零叁角贰分”，或写成“人民币壹仟陆佰元叁角贰分”。

【例1-11】将“￥1 000.32”表示为大写金额，应写作“人民币壹仟元零叁角贰分”，或写成“人民币壹仟元叁角贰分”。

【例1-12】将“￥101 000.32”表示为大写金额，应写作“人民币壹拾万壹仟元叁角贰分”，或写成“人民币壹拾万零壹仟元零叁角贰分”。

【例1-13】将“￥1 001 000.32”表示为大写金额，应写作“人民币壹佰万壹仟元叁角贰分”，或写成“人民币壹佰万零壹仟元零叁角贰分”。

（4）小写金额数字角位是“0”，而分位不是“0”时，中文大写金额“元”后面应写“零”字。

【例1－14】将“￥16 409.02”表示为大写金额，应写作“人民币壹万陆仟肆佰零玖元零贰分”。

【例1－15】将“￥325.04”表示为大写金额，应写作“人民币叁佰贰拾伍元零肆分”。

（四）数位词前必须要有数字

根据中文大写要求，每笔金额必须由数字和数位词两个要素组成。即拾、佰、仟、万、亿、兆这些数位词前必须冠有数量字零、壹、贰、叁、肆、伍、陆、柒、捌、玖，不可省略。我们口语中习惯说“拾几”“拾几万”“佰万”，但“拾”字在中文大写时只代表数位，不是数字。如将“壹”字去掉就意味着带有“壹”字的这笔金额出现错误。例如，“￥19.00”中文大写应为“人民币壹拾玖元整”，“￥190 000.00”中文大写应为“人民币壹拾玖万元整”。如果去掉“壹”写成“人民币拾玖万元整”，则是不正确的，如果书写不规范，“人民币”与金额数字之间留有空位，就很容易被篡改。

（五）有关“整”字的写法

“整”的原始含义是“整数”，将其作为截止符在大写金额中使用，防止大写金额被人涂改。“整”字笔画较多，在书写时常常将“整”字写成“正”字。在中文大写金额数字的书写方面，这两个字的作用相同。

（1）中文大写金额数字到“元”为止的，在“元”之后应写“整”（或“正”，下同）字。

【例1－16】将“￥46.00”表示为大写金额，应写作“人民币肆拾陆元整”。

（2）中文大写金额数字到“角”为止的，“角”之后，可不写“整”字。

【例1－17】将“￥46.70”表示为大写金额，应写作“人民币肆拾陆元柒角整”，也可写为“人民币肆拾陆元柒角”。

（3）大写金额数字有“分”的，“分”后面不写“整”字。

【例1－18】将“￥46.78”表示为大写金额，应写作“人民币肆拾陆元柒角捌分”。

三、关于票据的出票日期的书写

按照我国《票据法》的规定，票据包括汇票、本票和支票等。票据是银行、单位和个人凭以记载账务的会计凭证，是记载经济业务和明确经济责任的一种书面说明。根据《支付结算办法》的规定，为防止变造票据的出票日期，票据的出票日期必须使用中文大写。

（一）年份的写法

应按阿拉伯数字表示的年份所对应的大写汉字书写，写全表示年份的四个数字，如：贰零壹陆年，而不能简写成：壹陆年。

（二）月份的写法

在填写月时，月为1月、2月和10月的，应在其前加“零”。如1月，应写成零壹月。再如10月，应写成零壹拾月。月为3月、4月、5月、6月、7月、8月、9月的，按照汉语语言规律、数字构成和防止涂改要求进行书写。

表1-5　月份写法一览表

1月	2月	3月	4月	5月	6月
零壹月	零贰月	叁月	肆月	伍月	陆月
7月	8月	9月	10月	11月	12月
柒月	捌月	玖月	零壹拾月	壹拾壹月	壹拾贰月

（三）日期的写法

在填写日时，日为1日至9日和10日、20日和30日的，应在其前加“零”；日为11日至19日的，应在其前加“壹”。如15日，应写成壹拾伍日。再如20日，应写成零贰拾日。日为21日、22日、23日、24日、25日、26日、27日、28日、29日、31日的，按照汉语语言规律、数字构成和防止涂改要求进行书写。

表1-6　日期写法一览表

1日	2日	3日	4日	5日	6日	7日	8日
零壹日	零贰日	零叁日	零肆日	零伍日	零陆日	零柒日	零捌日
9日	10日	11日	12日	13日	14日	15日	16日
零玖日	零壹拾日	壹拾壹日	壹拾贰日	壹拾叁日	壹拾肆日	壹拾伍日	壹拾陆日
17日	18日	19日	20日	21日	22日	23日	24日
壹拾柒日	壹拾捌日	壹拾玖日	零贰拾日	贰拾壹日	贰拾贰日	贰拾叁日	贰拾肆日
25日	26日	27日	28日	29日	30日	31日	
贰拾伍日	贰拾陆日	贰拾柒日	贰拾捌日	贰拾玖日	零叁拾日	叁拾壹日	

票据出票日期使用小写填写的，银行不予受理；大写日期未按要求规范

填写的，银行可予以受理，但由此造成的损失，由出票人自行承担。此外，票据和结算凭证上金额、出票或者签发日期、收款人名称不得更改，更改的票据一律无效。根据我国《票据法》和《支付结算办法》的规定，票据和结算凭证金额以中文大写和阿拉伯数字同时记载，二者必须一致，二者不一致的票据无效；二者不一致的结算凭证，银行不予受理。票据和结算凭证上一旦写错或漏写了数字，必须重新填写单据，不能在原凭单上改写数字，以保证所填写的数字真实、准确、及时、完整。

技能练习

1. 训练任务

（1）请按表1－7所示的常见中文数字标准练习中文数字的书写。也可根据附录一　财务工作岗位数字书写练习纸进行练习。

表1－7　　常见中文数字书写练习

零	壹	贰	叁	肆	伍	陆	柒	捌	玖	拾	佰	仟	万	亿	元	角	分	整

（2）将下列各数字写成大写数码字（数字中间连续多“0”用一个“零”字）。

①￥12 958.46　　②￥70 008.04

③￥222.00　　④￥54 330.87

⑤￥147 906 285.30　　⑥￥5 280.06

⑦￥406 030.20　　⑧￥1 346.87

⑨￥34 008 500.09　　⑩￥94 708.45

（3）将下列大写金额用小写金额表示（小写数字前的人民币用“￥”表示，“角”“分”用“0”补齐，用“三位分节制”计数法）。

①人民币叁拾肆万陆仟零伍元整

②人民币肆佰叁拾伍元贰角整

③人民币捌佰柒拾陆万伍仟肆佰叁拾贰元壹角玖分

④人民币捌仟叁佰万零肆佰伍拾元零陆角柒分

⑤人民币贰万壹仟玖佰柒拾元整

⑥人民币三亿伍仟肆佰万元整
⑦人民币贰佰贰拾万元零伍角捌分
⑧人民币柒万零柒佰柒拾元零柒角柒分
⑨人民币陆佰零肆元壹角壹分
⑩人民币玖仟玖佰玖拾玖元零玖分

（4）将下列小写金额用大写金额表示。

①￥27.97　　②￥58.00
③￥10.00　　④￥6 007.00
⑤￥2 000.00　　⑥￥600 001.73
⑦￥8 200.40　　⑧￥0.35
⑨￥0.09　　⑩￥1 000 000 000.00

（5）下面各题都没有按正确规范书写，请按照正确的书写规范予以更正。

①人民币拾元整　　②伍拾叁元整
③人民币陆仟零零元　　④人民币 787.00 元
⑤人民币肆元捌角　　⑥人民柒元整
⑦人民币伍仟元　　⑧人民币四十六元
⑨人民币五元整　　⑩人民币零点陆元整

（6）写出下列日期的中文大写。

小写日期	大写日期	小写日期	大写日期
2010.3.10		2014.11.21	
2011.9.11		2015.11.30	
2012.10.19		2016.12.30	
2013.10.20		2017.12.31	

（7）根据下述资料及表 1－8 书写大小写金额。2016 年 10 月份库存现金和银行存款收付业务的发生额如下：

①￥0.07　　②￥0.90　　③￥16.05　　④￥84.00
⑤￥150.65　　⑥￥6,430.08　　⑦￥80,004.73　　⑧￥131,000.40
⑨￥109,806.50

表 1-8　　大小写金额书写练习

小写金额									大写金额	
没有数位分割线	有数位分割线								没有数位	有数位
	十	万	千	百	十	元	角	分		
									人民币	人民币　拾　万　仟　佰　拾　元　角　分
										人民币　拾　万　仟　佰　拾　元　角　分
										人民币　拾　万　仟　佰　拾　元　角　分
										人民币　拾　万　仟　佰　拾　元　角　分
										人民币　拾　万　仟　佰　拾　元　角　分
										人民币　拾　万　仟　佰　拾　元　角　分
										人民币　拾　万　仟　佰　拾　元　角　分
										人民币　拾　万　仟　佰　拾　元　角　分
										人民币　拾　万　仟　佰　拾　元　角　分

注：“小写金额”前有时要加币种符号，如记账凭证上的合计；有时不要加，如记账凭证上的发生额。

2. 训练要求

（1）个别大写汉字易出错，如“贰”“仟”“万”等，需加强练习。

（2）金额大写中“零”的写法需加强练习。

（3）日期大写中年、月、日各自的注意事项要突出。

3. 训练考核参考标准

根据表 1-9 所示的任务考核参考标准完成下列训练任务。

表 1-9　　任务考核参考标准

考核内容	全部正确	1 个汉字不正确 1 组数据不正确 1 组日期不正确	2 个汉字不正确 2 组数据不正确 2 组日期不正确	3 个汉字不正确 3 组数据不正确 3 组日期不正确	4 个以上汉字不正确 4 个以上数据不正确 4 个以上日期不正确
评价等级	优秀	良好	中等	及格	不及格

（1）将常见的中文数字大写进行默写，要求按规范化汉字书写，每错一字或非标准字体扣10分，满分100分，扣完为止。

（2）选取10组人民币数据进行中文金额大写，每错一题扣10分，满分100分，扣完为止。

（3）选取10组日期进行中文日期大写，每错一题扣10分，满分100分，扣完为止。

任务三　财经数字书写错误的更正

财经数字书写错误，就要进行更正。如果不慎发生书写错误，应当按照正确的方法进行更正，更正的数字必须规范化，不能在原数字上涂改、挖补、乱擦或用消字药水销迹。对于在财经工作中发生的财经数字书写错误应视不同情况按照规定的方法加以更正。

一、在原始凭证中出现书写错误

在填制原始凭证中如果发生了财经数字书写错误或漏写，则不能涂改，也不能用其他方法更改，必须重新填写凭证。对类似像收据、支票等重要原始凭证还应在其上注明“作废”字样，并与重新写好的凭证一起保存好，以便备查。

二、记账凭证没有错误，在结账前发现账簿记录有文字或数字错误

在记账时或结账之前发现账簿记录中的数字或文字有错误，而记账凭证没有错误，可以用划线更正法。更正时，先在错误的数字或文字上划一道红线表示注销，但必须保证原有的字迹清晰可认；然后在红线上端的空白处记入正确的数字或文字，并由经办人员在更正处加盖印章，以示负责。需要注意的是，对于错误的数字应将整笔数字划掉，不可只划去其中一部分，划销的部分要保持原有数字清晰可辨，以便审查和明确责任。具体更正实例详见表1－10。

表 1－10　　阿拉伯数字出现书写错误时的更正实例

不符合规定的更正类型及错误方法											符合规定的更正方法									
	千	百	十	万	千	佰	十	元	角	分	千	百	十	万	千	百	十	元	角	分
1.涂改										3					盖章	盖章	2	6	7	3
							2	6	7	~~2~~							~~2~~	~~6~~	~~7~~	~~2~~
2. 只改错数								3							盖章	盖章	4	3	9	8
							4	~~5~~	9	8							~~4~~	~~5~~	~~8~~	~~8~~
3. 未全部划线						1	8	3						盖章	盖章	1	8	3	4	7
						~~1~~	~~6~~	~~3~~	4	7						~~1~~	~~6~~	~~3~~	~~4~~	~~7~~
4. 更正位置不对未全部划线																8	4	0	0	0
			~~8~~	~~4~~	~~0~~	8	4	0	0	0	盖章	盖章	~~8~~	~~4~~	~~0~~	~~8~~	~~4~~	~~0~~	~~0~~	~~0~~

三、在结账前发现记账凭证中出现书写错误

如果尚未登记账簿，应当重新填制记账凭证。如果已经登记账簿，但尚未进行年度结账，应该根据出错情况采取不同的更正方法。

第一种情况，在当年内发现记账凭证中应借应贷的会计科目错误或记账方向错误。此时应采用红字更正法。红字更正法又称赤字冲账法、红字冲账法，是指用红字冲销或冲减原记数额，以更正或调整账簿记录错误的一种方法。更正时，先用红字金额填写一张与原错误记账凭证中内容完全相同的记账凭证，在摘要栏注明"注销某月某日某号凭证"字样，并据以用红字登记入账，冲销原有错误的记账记录；同时再用蓝字或黑字重新填制一张正确的记账凭证，在摘要栏注明"订正某月某日某号凭证"字样，并据以用蓝字或黑字登记入账。

第二种情况，发现记账凭证上应借应贷的会计科目、记账方向都没有错误，只是所记金额大于应记金额，造成账簿记录有错误。此时也应采用红字更正法。更正时，将多记金额（即正确金额与错误金额之间的差额）用红字编制一张与原错误的记账凭证所记载的应借应贷的会计科目和记账方向完全相同的记账凭证，在摘要栏注明"冲销某年某月某日某号凭证"字样，以冲销多记金额，并据以登记入账。

第三种情况，记账凭证上应借应贷的会计科目、记账方向都没有错误，只是所记金额小于应记金额，造成账簿记录错误。此时应采用补充登记法。补充登记法是指用蓝字或黑字登记金额，调整账簿记录错误的一种方法。更正时，将少记金额用黑字或蓝字编制一张与原错误记账凭证所记载的应借应

贷的会计科目和记账方向相同的记账凭证，在摘要栏注明“补记某月某日某号凭证少记金额”字样，以补记少记金额，并据以登记入账。

最后，如果已经进行了年度结账，即以前年度记账凭证有错误的，应当用蓝字填制一张更正的记账凭证。

技能练习

1. 训练任务

（1）划线更正法的运用。根据所给的正确结果更正相应的错误数字，如表 1 – 11 中所示。

表 1 – 11　　错误数字的更正

正确结果	错误数字并更正										正确结果	错误数字并更正									
	千	百	十	万	千	佰	十	元	角	分		千	百	十	万	千	佰	十	元	角	分
7 026.43					7	0	2	6	3	4	91 000.41				9	2	0	0	0	1	4
5 650.95					5	6	2	5	9	3	108 469.00			1	0	8	4	6	6	0	0
200 361.00			3	0	0	4	6	1	0	0	3 265.03					2	3	6	5	0	3
1 006 270.00			1	0	0	6	2	7	0	0	6 508.31					8	5	0	3	3	1
438.67						4	6	8	6	7	126.27						1	2	7	6	3

（2）2016 年 10 月 10 日技术部经理王晓天申请去长沙参加 2016 年“湖南制造 2025”研讨会的差旅费 8 500 元，经批准可以预支。请找出这张借款单的填写错误，并予以重新填制。

借　款　单

2016 年　10　月　10　日

<table>
<tr><td>借款人姓名</td><td>王晓天</td><td>部门</td><td>技术部</td><td>职务</td><td>经理</td></tr>
<tr><td>借款事由</td><td colspan="5">参加 2016 年“湖南制造　2025”研讨会</td></tr>
<tr><td>借款金额</td><td colspan="5">（大写）捌千五百元　　　　（小写）8500</td></tr>
<tr><td>备注</td><td colspan="2">现金付讫</td><td>审批</td><td colspan="2">同意借款
张武
2016年 10 月 10 日</td></tr>
</table>

借 款 单

年　　月　　日

借款人姓名		部门		职务	
借款事由					
借款金额	（大写）			（小写）	
备注	现金付讫	审批	同意借款 张武 2016年10月10日		

（3）2017 年 2 月 20 日湘潭市东风机械股份有限公司出纳王丽敏从银行提取现金 10 000 元备用。这是刚刚毕业的大学生王丽敏第一次填制现金支票，小王拿着填好的现金支票去请教会计王源，结果没有想到自己生平的第一次填制现金支票中财经数字书写竟然有这么多错误，聪明的同学请帮帮王丽敏找出她哪里出错了，并重新帮她填制一张现金支票。

中国工商银行

现金支票存根（湘）

DH02251616

附加信息

出票日期　2017 年 2 月 20 日

收款人：湘潭市东风机械股份有限公司

金　额：¥10000.00

用　途：备用金

单位主管　王俊凯　　会计　王源

本支票付款期限十天

中国工商银行　现金支票（湘）　　DH 02251616

出票日期（大写）贰零壹柒年贰月拾日　　付款行名称：中国工商银行中医药大学支行

收款人：湘潭市东风机械股份有限公司　　出票人账号：3000362658454122156

人民币（大写）	百	十	万	千	百	十	元	角	分
壹万元			1	0	0	0	0	0	0

用途　备用金

上列款项请从

我账户内支付

出票人签章　　湘潭市东风机械股份有限公司　财务专用章　　李晶印

复核　　记账

中国工商银行

现金支票存根（湘）

DH02251616

附加信息

————————

————————

出票日期　　年　月　日

收款人：湘潭市东风机械股份有限公司

金　额：

用　途：备用金

单位主管 王俊凯　　会计 王源

本支票付款期限十天

中国工商银行 现金支票（湘）　　DH 02251616

出票日期（大写）　　年　　月　　日　付款行名称：中国工商银行中医药大学支行

收款人：湘潭市东风机械股份有限公司　　出票人账号：3000362658454122156

人民币（大写）	百	十	万	千	百	十	元	角	分

用途 备用金

上列款项请从

我账户内支付

出票人签章　（湘潭市东风机械股份有限公司 财务专用章）（李晶印）　复核　　记账

2. 训练考核参考标准

根据表 1－12 所示的任务考核参考标准完成下列训练任务。

表 1－12　　任务考核参考标准

考核内容	全部正确	2 组数据更改错误	4 组数据更改错误	6 组数据更改错误	8 组以上数据更改错误
评价等级	优秀	良好	中等	及格	不及格

选取 20 组数据进行错误更正，每错一处扣 5 分，满分 100 分，扣完为止。

项目二　货币识假技能

技能目标

1. 了解人民币的基本知识
2. 熟悉人民币的一般防伪特征
3. 掌握假人民币的种类及伪钞的辨别技巧
4. 掌握第五套人民币的防伪与鉴定
5. 了解硬币的基本知识

工作描述

1. 工作对象：各种币别的点钞券
2. 工作用品：验钞机、假币
3. 工作场所：从事会计、金融、审计、统计、税务、营销等各种经济管理工作的场所

能力训练

能力训练任务、目标、相关知识及训练方式，如表2－1所示。

表2－1　　能力训练任务、目标、相关知识及训练方式

任务	目标	相关知识	训练方式
验钞技术	①能准确掌握识别真假币的基本方法 ②能熟练掌握第五套人民币的识伪特征 ③了解硬币的基本知识	①识别真假币的基本方法 ②第五套人民币的识伪特征 ③硬币及其基本特征	用第五套人民币练习识伪技术

任务一　人民币的基本知识

一、人民币的相关法律规定

《中华人民共和国中国人民银行法》第三章的第十六条至第二十一条对人民币的使用、印制、发行等方面做出了相关规定：第十六条，中华人民共和国的法定货币是人民币。以人民币支付中华人民共和国境内的一切公共的和私人的债务，任何单位和个人不得拒收。第十七条，人民币的单位为元，人民币辅币单位为角、分。第十八条，人民币由中国人民银行统一印制、发行。中国人民银行发行新版人民币，应当将发行时间、面额、图案、式样、规格予以公告。第十九条，禁止伪造、变造人民币。禁止出售、购买伪造、变造的人民币。禁止运输、持有、使用伪造、变造的人民币。禁止故意毁损人民币。禁止在宣传品、出版物或者其他商品上非法使用人民币图样。第二十条，任何单位和个人不得印制、发售代币票券，以代替人民币在市场上流通。第二十一条，残缺、污损的人民币，按照中国人民银行的规定兑换，并由中国人民银行负责收回、销毁。

二、人民币沿革

中国是世界上较早使用货币的国家之一，使用货币的历史长达5000年之久。中国古代货币在形成和发展的过程中，先后经历了6次重大的演变。

中华人民共和国自发行人民币以来，历时60多年，随着经济建设的发展以及人民生活的需要而逐步完善和提高，至今已发行五套人民币，形成纸币与金属币、普通纪念币与贵金属纪念币等多品种、多系列的货币体系。除1分、2分、5分3种硬币外，第一套、第二套和第三套人民币已经退出流通。目前主要流通的人民币是中国人民银行自1999年以来发行的第五套人民币，第五套人民币也有两种版别，1999年版和2005年版，目前两种版本同时流通。

（一）第一套人民币

1948年12月1日，中国人民银行成立并发行第一套人民币共12种面额、62种版别，其中1元券2种，5元券4种、10元券4种、20元券7种、50元券7种、100元券10种、200元券5种、500元券6种、1 000元券6种、5 000元券5种、10 000元券4种、50 000元券2种。第一套人民币图样（部分）如图2－1～图2－12所示。

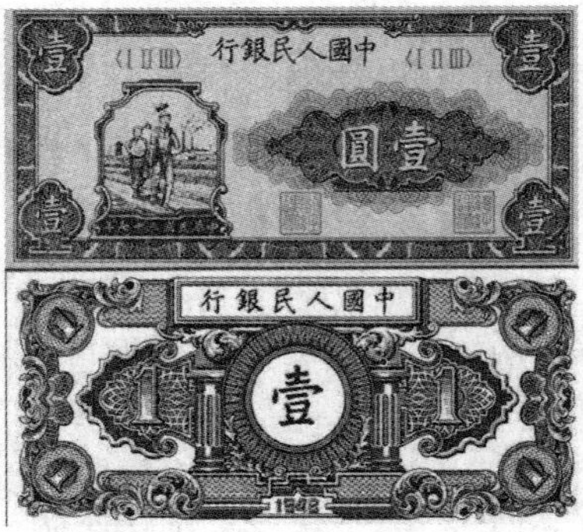

图2-1 第一套1元

图2-2 第一套5元

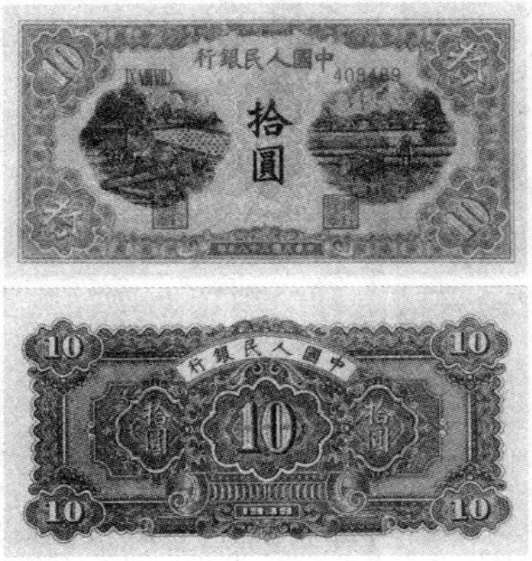

图2-3 第一套10元

图2-4 第一套20元

图2-5 第一套50元

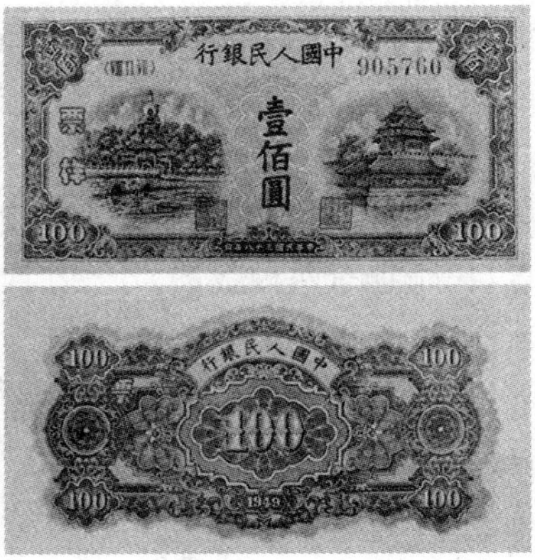

图2-6 第一套100元

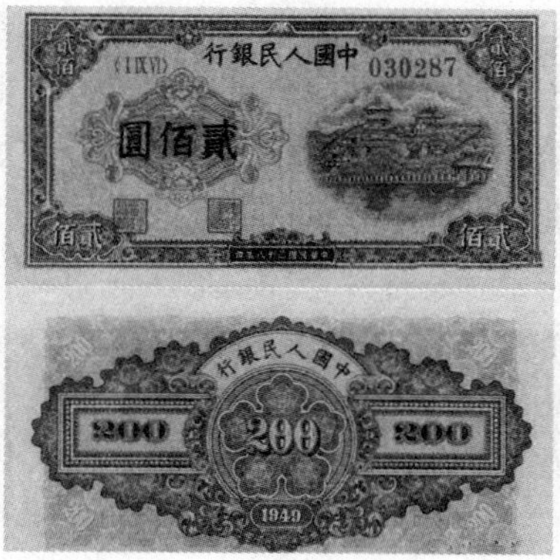

图 2－7　第一套 200 元

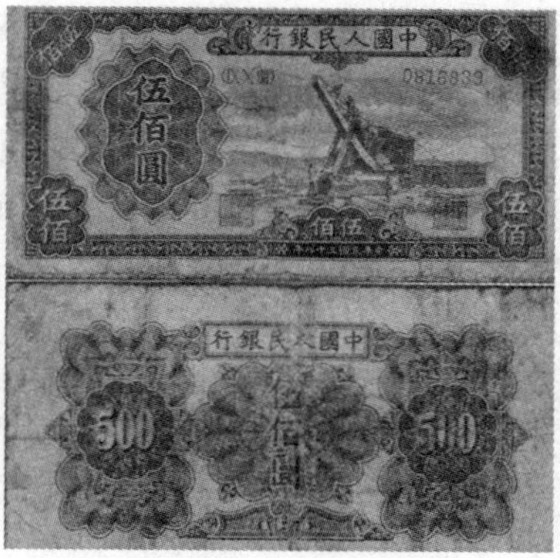

图 2－8　第一套 500 元

图 2－9　第一套 1 000 元

图 2－10　第一套 5 000 元

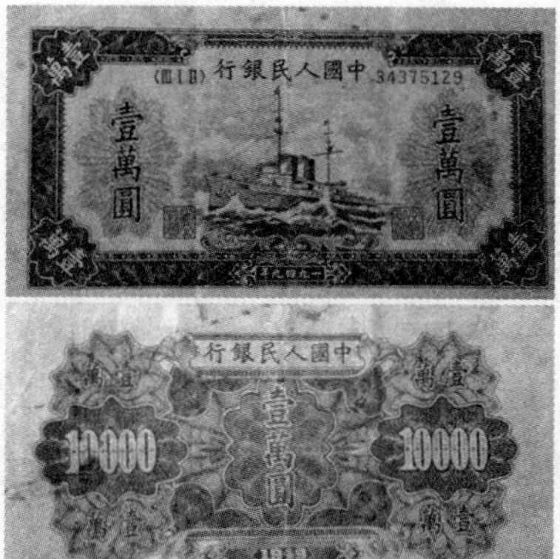

图 2－11　第一套 10 000 元

图 2－12　第一套 50 000 元

统一发行人民币促进了人民解放战争的全面胜利，在新中国成立初期经济恢复时期发挥了重要作用。在这套人民币中，1953 年 12 月发行的正面主景为新华门的五万元券，是我国发行面额最大的人民币，但流通时间不足一年半，于 1955 年 4 月 1 日停止流通，可谓是流通时间最短的人民币。

（二）第二套人民币

为了改变第一套人民币面额过大等不足的现状和提高印制质量，进一步健全我国货币制度，以便交易和核算，1955 年 2 月 21 日国务院正式发布了《关于发行第二套人民币和收回第一套人民币的命令》，决定由中国人民银行自 1955 年 3 月 1 日起开始发行新币（第二套人民币），同时收回第一套人民币。第二套人民币和第一套人民币折合比率为 1∶10 000，即第二套人民币 1 元＝第一套人民币 1 万元。

第二套人民币共有 1 分、2 分、5 分、1 角、2 角、5 角、1 元、2 元、3 元、5 元、10 元 11 个面额，其中 1 元券有 2 种，5 元券有 2 种，1 分、2 分和 5 分券别有纸币、硬币 2 种。为便于流通，自 1957 年 12 月 1 日起发行 1 分、2 分、5 分 3 种硬币，与纸币等值流通。1961 年 3 月 25 日和 1962 年 4 月 20 日分别发行了黑色 1 元券和棕色 5 元券，分别对票面图案、花纹进行了调整和更换。由于大面额钞票技术要求很高，在当时情况下 3 元、5 元、10 元由苏联代印。

第二套人民币消除了第一套人民币特有的战时货币痕迹，为促进社会经济建设发挥了巨大作用。这套人民币面额结构较为合理，首次实行主辅币制，并发行了金属分币，使新中国货币进入了纸、硬币混合流通的时代，其面额结构体系成为未来各套人民币结构体系的基础，从此人民币的币值得到空前稳定。

1964 年 4 月 14 日中国人民银行发布了《关于收回 3 种人民币票券的通告》，决定从 1964 年 4 月 15 日开始限期收回苏联代印的 1953 年版的 3 元、5 元和 10 元券，1964 年 5 月 15 日停止收兑和流通使用。第二套人民币中的 1 分、2 分、5 分纸币在 2007 年 4 月 1 日起停止在市场上流通。

（三）第三套人民币

20 世纪 60 年代初，为适应国内外经济形势的变化，促进生产建设和商品流通的进一步发展，方便群众使用，国务院决定发行第三套人民币。这套人民币具有主体思想鲜明、设计风格新颖、券别结构合理、主辅币品种齐全、印刷工艺先进并有较强的防伪性能等特点。第三套人民币的发行结束了我国货币生产依赖外国的历史。

第三套人民币于1962年4月20日发行，共有1角、2角、5角、1元、2元、5元、10元7种面额、13种版别，其中1角券别有4种（包括1种硬币），2角、5角、1元有纸币、硬币2种。1966年和1967年，又先后两次对1角纸币进行改版，主要是增加满版水印，调整背面颜色。

第三套人民币突破印刷设备的技术难关，造出了我国自己的水印钞票纸。第三套人民币自陆续发行以来，在市场上流通了38年，是我国目前发行、流通时间最长的一套人民币。第三套人民币自2000年7月1日起停止在市场上流通。

（四）第四套人民币

第四套人民币是1983年开始设计的，在起初的设计中最大面额仍为10元，但该面额已不能适应市场的需求，为此中国人民银行呈报国务院增印伍拾元和壹佰元的大票。设计人员经过充分研究，一致认为应将毛泽东、周恩来、刘少奇、朱德四位领袖侧面浮雕头像放在壹佰元券上，以科学概括"毛泽东思想是中国共产党集体智慧的结晶"，这种设计思想上报中央后很快得到批准，并在1988年5月10日首次发行，使我国货币制度进一步得到完善。第四套人民币开创了新中国成立后人民币中以领袖头像做图案的先河。

第四套人民币采取"一次公布、分次发行"的办法，从1987年4月27日开始发行到1997年4月1日止，共发行9种券别、17种版别，版别有1980版和1990版两种。其中9种面额分别为：1角、2角、5角、1元、2元、5元、10元、50元、100元，其中1角券（币）2种、2角券1种、5角券（币）2种、1元券（币）4种、2元券2种、5元券1种、10元券1种、50元券1种、100元券2种。与第三套人民币相比，增加了50元、100元大面额人民币。第四套人民币正面主景全部采用人物头像，背面主景取材于我国的名山大川。为了适应反假人民币工作的需要，1992年8月20日，又发行了改版后的1990年版的50元、100元券，增加了安全线，使人民币的防伪功能进一步提高。

（五）第五套人民币

为了进一步提高人民币的设计、印刷和防伪技术，1999年6月30日，朱镕基总理签发国务院第268号令，责成中国人民银行自1999年10月1日陆续发行第五套人民币，与第四套人民币混合流通。在新版人民币发行之前的3个月进行了公布和宣传，这是新中国成立后货币发行史上新的尝试，目的是使广大群众预先了解发行的意义，提高社会的适应能力。

第五套人民币的发行标志着我国货币制度更加完善。

中国人民银行陆续发行的第五套人民币，共有1角、5角、1元、5元、10元、20元、50元、100元8种面额，其中1角、5角、1元有纸币、硬币2种。第五套人民币根据市场流通的需要，增加了20元面额，取消了2元面额，使面额结构更加合理。第五套2005年版5元及以上的人民币纸币如图2－13所示。

图2－13　第五套2005年版人民币纸币

（六）普通纪念币

普通纪念币是具有特定主题、限量发行的人民币。中国人民银行从1984年发行第一套普通纪念币至今，共发行了63套、75枚（张）普通纪念币，总发行约8.5亿枚（张）。这些纪念币选题丰富多彩，设计独具匠心，规格材质多种多样，图案新颖美观，面额有1角、1元、5元、10元、50元、100元不等，将中华人民共和国60多年的辉煌成就及重大历史事件浓缩于纪念币的方寸之间。这些纪念币是人民币系列的重要组成部分，丰富和完善了中国货币制度，弘扬了中国货币文化，并不断探索和创新，为促进商品流通和经济发展、扩大对外交流发挥了积极作用。

技能练习

1. 训练任务

①第四套人民币100元正面用（自右向左）（　　）、（　　）、（　　）、（　　）4位领袖像，背面为（　　）全景。

A. 毛泽东、刘少奇、周恩来、朱德；井冈山

B. 毛泽东、周恩来、刘少奇、朱德；井冈山

C. 毛泽东、周恩来、刘少奇、朱德；长城

②第一套人民币于（　　）全面停止流通。

A. 1959年12月1日　　B. 1960年1月1日　　C. 1955年5月10日

③第四套人民币是（　　）开始发行的。

A. 1980年8月1日　　B. 1990年9月2日　　C. 1987年4月27日

④第五套人民币发行采用（　　）原则。

A. 一次公告，一次发行，新旧版混合通用，逐步回收旧版

B. 一次公告，分次发行，新旧版混合通用，逐步回收旧版

C. 多次公告，分次发行，新旧版混合通用，逐步回收旧版

⑤到目前为止，我国发行的5套人民币中只有（　　）人民币印制了3元面值的纸钞。

A. 第一套　　B. 第二套　　C. 第三套

⑥第一套人民币于（　　）开始发行。

A. 1948年12月1日　　B. 1949年10月1日　　C. 1949年12月1日

⑦中国人民银行自1948年成立至2006年8月15日，已经发行了（　　）套人民币。

A. 5　　B. 4　　C. 3

⑧《中华人民共和国中国人民银行法》明确规定：人民币由（　）统一发行。

A. 中华人民共和国　　B. 国务院　　C. 中国人民银行

⑨人民币由（　）印制

A. 财政部指定的专门企业印制

B. 国有印刷企业

C. 中国人民银行指定的专门企业

⑩人民币是指中国人民银行依法发行的货币，包括（　）。

A. 纸币和硬币　　B. 主币和辅币　　C. 流通币和退出流通币

2. 训练要求

熟练掌握1~5套人民币的发行背景、面额、版别。

3. 训练考核参考标准

根据表2－2所示的任务考核参考标准完成下列训练任务。

表2－2　任务考核参考标准

考核内容	全部正确	2题错误	4题错误	6题错误	8题以上错误
评价等级	优秀	良好	中等	及格	不及格

对本环节的学习任务进行考核，选取20组单选选择题进行组卷，每错一题扣5分，满分100分，扣完为止。

任务二　认识纸币的防伪特征及辨别假币

为了防范假币，每个国家在货币印制过程中都精心设计和制作了各种防伪措施。货币的一切成分，如纸张、油墨、安全线等，都是从尽量缩小使用范围、难以伪造的方面考虑予以采用，货币的关键性防伪技术成为每个国家的重要机密。

纸币的防伪措施概括起来主要体现在纸张、油墨和印刷技术等几个方面。

一、纸币的防伪特征

（一）纸张

钞票用纸不同于一般的纸张，而是专门抄造的，具有坚韧、耐磨、挺括度好等特点，经长时间流通使用后不起毛、不断裂。因此，对原料的质量要求非常高，通常以纤维较长的棉、麻为主，有些钞票纸张还加入了本国特有的物产，如日元纸币。为了使钞票用纸明显区别于普通纸张，目前世界上大多数国家将水印、安全线、纤维丝和彩点技术运用在钞票纸张中，较新的技术还有贴膜、电子特征等。纸张的防伪特征最难伪造，下面分别介绍。

1. 水印

抄纸过程中利用纸浆在网笼上沉积，根据网笼的图案变化，使得纸张厚薄、纸浆密度不同，形成不同图案。对公众而言，水印是钞票防伪的重要的有效手段之一。水印纸最早出现于1270年的意大利，第一次用于钞票是在1666年的斯德哥尔摩银行，最早的文字水印出现在18世纪，图案水印出现在19世纪初，到19世纪后期水印已被普遍采用。根据水印分布在钞票上的位置不同，可将水印分为满版水印、连续水印和固定水印。根据水印透光度又可将水印分为黑水印、白水印和多层次水印。

目前比较流行的水印是与正面主景图案相同的水印图案，这样可以很好地对比水印图案。水印技术不仅仅用在钞票上，一些重要票据及有些公司的专用纸张都使用水印纸。

2. 安全线

安全线是在纸张抄造过程中加入的，随着科学技术的发展，它的科技含量越来越高，从普通的金属线、塑料线，聚酯线，发展到缩微印刷安全线、荧光安全线、红外安全线、磁性安全线、复合颜色安全线、开窗安全线、全息图安全线以及目前最新的3D动感安全线。

3. 纤维丝、纤维彩点和彩条

这是在纸浆中加入的，是纸张防伪的又一项措施，此项技术最早出现在20世纪，当时是把不同颜色的碎纸加入纸浆中，成为当时有效的防伪措施，现在则多分为肉眼可见和不可见两种。

4. 全息模块

这是最新技术，它最早出现在法国法郎上，是无色透明薄膜。现在普遍使用的是全息薄膜，它比较宽，全息图像清晰。

5. 塑料钞

为了延长钞票的使用寿命，部分国家已研制并开始使用塑料代替纸张印刷钞票，如澳大利亚等。塑料钞是20世纪90年代后兴起的全新概念的钞票，它打破了几百年来用纸张作为钞票印刷材料的状况，改用一种合成塑料作为承印物，但是并非普通塑料。

最早研制塑料钞的是澳大利亚，经过几十年的反复试验，在1988年推出了第一张塑料钞。到目前已有三十多个国家和地区使用塑料钞，澳大利亚、新西兰全套钞票都已使用塑料钞，我国也曾于2000年推出一款塑料材质的迎接新世纪纪念钞。

塑料钞的使用寿命较长，通常是纸钞的四倍，防伪性能要好于纸钞，但也有弊端：成本较高，通常是纸钞的几倍；耐热性较差，遇到高温容易变形；虽然不容易撕裂，但如已有裂口，或订书机订过的地方则较容易撕裂。

（二）油墨

油墨是钞票的重要组成部分。油墨也同钞纸一样，是专门研制的，它的配比属高度机密。印钞所用的油墨一般都很光洁鲜亮，浸合性好，快干，印就的钞票有光泽，且不易脱落。钞票中普遍采用的油墨有以下几种类型。

1. 磁性油墨

钞票上应用磁性油墨，便于机器识别。多使用在凹印油墨上，也有使用在钞票凸印连号上的。

2. 荧光油墨

在油墨中加入荧光物质，使油墨在紫外光源下产生荧光反应，它可以区分为无色荧光油墨和有色荧光油墨两种类型。荧光油墨中不同的化合物能产生各种荧光颜色，如绿色、黄色、橘黄色、红色等。

3. 红外油墨

红外油墨是近年来被普遍运用在钞票中的一种新型油墨。在钞票图案的某一部位应用红外油墨后，在普通光下无异样，而在红外光照射下，钞票图案则不可见。

4. 光变油墨

变换光照角度就可以看到油墨颜色的变化，使用这种油墨运用凹印或者丝网印刷方式印出的图案，直视呈现一种颜色，将钞票倾斜一定角度，图案颜色会发生变化。

5. 珠光油墨

观察珠光油墨印刷的图案时只有将钞票倾斜一定角度才能看到。

6. 防复印油墨

这种油墨对彩色复印机上的灯光有反射效果，如果在彩色复印机上复印采用该种油墨的钞票，复印出来的图案会发生变化。

7. 金属油墨

倾斜钞票时采用金属油墨印刷的图案有较强的反光，可有效防止被复印或扫描。

（三）印刷

钞票的印刷在整个钞票的印制过程中是一个非常重要的环节，通过一系列工序才能完成。不同的印版、色版分成不同的单元印刷，每道工序的准确度要求极高。许多防伪技术的应用都表现在印刷方面。综合目前各国印刷钞票的方法，钞票的印刷方式涉及雕刻凹印、凸印、胶印和丝网印刷。

1. 雕刻凹印

经手工雕刻、机雕及腐蚀等复杂工序制成的印版图纹部分低于印版的空白部分，所有的空白部分在一个平面上，而印刷部分的凹陷程度则随图像的色调深浅不同而变化。图像色调深，在印版上的对应部位下凹深；图像色调浅，印版上的对应部位下凹浅。

雕刻凹印的特点是印刷图纹精细，具有明显凸起的手感，独特的三维效果，看得见，摸得着，公众识别性强；雕刻凹印采用的印版、油墨、印刷工艺设备及废液处理等都需要专门技术和人员。技术复杂，投资巨大，成本高昂。雕刻凹印主要用于钞票、有价证券等高挡防伪产品。印钞行业素来有“无凹不成钞”之说。手感明显、图纹精细的雕刻凹印属于较好的防伪技术之一。

2. 凸印

印版上的图纹部分明显凸起于空白部分，印刷时油墨只涂布于印刷表面，当承印物与印版接触加压时，印刷部分的油墨就转移到承印物上。在完成印刷的同时，也在承印物上留下明显的压痕。凸印是直接印刷方式。

印钞中通常采用凸印方式印制钞票冠字号码，其油墨四周有挤压痕迹，从印迹的背面可看见压痕，手摸有凹凸不平感。

3. 胶印（又称平印）

它是指印版图纹部分和空白部分几乎在同一平面上。由于胶印制版简单，色调层次丰富，成本低，速度快，已成为商用彩色印刷的最重要印刷方式。但在印钞中，通常利用胶印印刷底纹、团花等辅助性设计要素，增加票面层次及色彩多样性，并能大大地降低成本。

4. 丝网印刷

它是通过漏印的方式进行印刷，主要用于近几年钞票上运用的最新技术的印刷，如 OVD（光变图案）、OVF（光变薄膜）、OVI（光变油墨）、全息图等，如港币、欧元、韩元等币种纸币上面的光变油墨面额数字。

在以上几种印刷方式的基础上，为了实现更有效的防伪目的，各国还根据本国的经济状况及技术水平，选用了不同的印刷工艺。

1. 对印

在钞票正、背两面各印制部分图案，透光观察时正背面图案组成一个完整的图案。随着印刷技术的发展，对印技术也日趋提高，由简单的文字对印发展到图案对印，由单色对印到多色对印，现在已可以完成双面多色重叠互补对印，如港币。

2. 接线印刷

即在票面花纹的线条上出现两种以上的颜色，既不镂空也不重叠。最早接线印刷技术只用于胶版印刷，后来由我国开创了凹印接线印刷技术，并用于钞票的印刷。

3. 彩虹印刷

钞票的主色调采用了不同的颜色，但它们之间的过渡非常自然，无明显的分界线。目前各国的钞票普遍采用了这项技术，如美元、港币等。

4. 缩微印刷

这是各国钞票普遍采用的一项防伪技术，它有胶印、凹印之分，由大面积缩微文字组成的图案及线条，普通印刷机很难印制出这样的缩微文字。

5. 隐形图案

隐形图案是采用雕刻不同方向的线条形成的图案，只可以在凹印线条中形成，当倾斜钞票时就可看到隐藏在票面图案里的隐形图案，有横平竖直，也有倾斜一定角度的。新型隐形雕刻图案改变了传统的制作方法，采用压力的办法，隐形图案用横向压力、周围用竖向压力，使纸张形成不同的平面，使隐形图案更加清楚，而且同一角度可以有不同的深浅变化，有极强的凹凸感。

6. 细纹印刷

这是防止复印扫描造假的有效措施之一，它主要用于胶印底纹印刷。如美元应用于人像背景线，英镑等钞票的细纹则是有规则的多边形。

7. 垂直线印刷

这也是防止复印、电子扫描造假的有效措施之一，由于在扫描过程中横竖线反光不同，明显地把图案分成两部分，如 50 英镑纸币背面的人像图案。

8. 花纹对接

这是底纹印刷的一种工艺，是整版花纹印刷，在钞票边缘的花纹可能不完整，如将钞票两边对接，即可形成完整的花纹图案。另一种是在钞票四边印有切边标记，将钞票对折，线纹完全吻合。

9. 无墨凹印

用凹印版在纸张上压出图案，触摸有凹凸手感，倾斜一定角度方可看到。如香港特别行政区政府发行的10元港币即采用这种技术。

10. 激光打孔

钞票印制完成后，运用激光技术在钞票某部位打孔，可以组成图案或数字，孔的直径极为细小，平视几乎看不到，透视才能看到，防伪效果显著，如欧元纸币上面全息图形里的欧元符号。

11. 光变全息图案

这是与光变油墨、光变薄膜类似的技术，采用五层印刷，不同的角度观察呈现不同图案，韩元、英镑、欧元等纸币都采用此技术。

二、假币的分类及定义

伪造币是指仿照真币的图案、形状、色彩等，运用打印、复印、影印、胶印等多种手段制作的假货币。综合人民币纸币假币的主要特征和制作手段，一般可以将假币归纳为伪造币和变造币两大类。

1. 机制假币

所谓机制假币就是利用现代化的制版印刷设备伪造的假币，这类假币伪造的质量高、数量多，极其容易扩散，危害性最大，是反假货币工作最重要的目标。目前市场上伪造的人民币主要是机制胶印假币。随着激光排版、电子分色制版、计算机扫描分色制版和彩色复印、胶版印刷等高新技术的广泛应用，犯罪分子利用先进技术和设备大量印制假币，有些假币具有荧光油墨、磁性金属安全线等机读特征。

2. 拓印假币

拓印假币是指利用化学原理，以一定化学物质浸泡真币，使真币颜色脱离，构成另外图案滋生的假币。

3. 彩色复印假币和电脑打印假币

复印假币就是指利用分辨率很高的彩色复印机复印伪造出来的假币。电脑打印假币就是利用电脑打印伪造出来的假币。这类假币颜色、图案与真币比较相似，在注意力不集中的情况下容易误收。但只要仔细识别还是比较容易发现的。因为这类假币总的来说比较粗糙，线条一般不是很光洁，在放大镜下观察，该种假币的线条和图案均为点状组成。

4. 手工描绘或手工刻版印制的假币

这类假币是采用传统的原始造假手段制作的，伪造手段落后，制版的材料质量低劣，伪造出来的假币质量很差，比较容易识别。

5. 照相假币

照相假币采用相纸做钞纸材料，利用照相设备拍摄、冲洗成型的假币，它与一般的相片制作方法相同，效果也类同。此类假币纸张厚且脆，稍加揉折票面就有裂痕，票面带有与真币截然不同的光泽，流通时间久了，会产生形同龟裂的形态。

三、伪造币主要特征

无论采用何种方式伪造的假人民币，与真币总有一定的差异，具体特征如下。

1. 水印

假币伪造水印的方法一般有两种：一种是在纸张夹层中涂抹白色浆料，透光观察水印所在位置的纸张明显偏厚且透光度差；另一种是在票面正面、背面或正背面同时使用无色或淡黄色油墨印刷类似水印的图案，图案不透光也清晰可见，无立体感。

2. 安全线

假币上常见伪造安全线的方法有三种：第一种是在钞票表面，用油墨印刷一条线，用于伪造安全线，仪器检测通常无磁性特征；第二种方法是在纸张夹层中放置与安全线等宽的聚酯类线状物，因其与纸张结合较差，极易抽出，安全线上的缩微文字较为粗糙，仪器检测无磁性特征；第三种方法是伪造开窗安全线，使用双层纸张，在正面的纸张上，对应开窗位置留有断口，使镀有金属反射薄膜的聚酯类线状物，从一个断口伸出，再从另一个断口埋入，用以伪造开窗安全线。其安全线与纸张结合较差，无全息图像。

3. 印刷图案

假币的正、背面主景图案多由小色点组成（真币由点、线组成），图案颜色不正，缺乏层次感，颜色间过渡不自然，特别是人像目光无神，发丝模糊，图案无凹凸感。也有一部分假币在凹版部位涂抹胶水或压痕来模仿凹印效果。

4. 红、蓝彩色纤维

假币使用红、蓝两色油墨印刷与真币的彩色纤维形状近似的细线，用以伪造红、蓝彩色纤维。

5. 隐形面额数字

假币上的隐形面额数字是采用钢模压印或无色油墨印刷而成的，图文线条与真币差别较大，而且不需要倾斜钞票即可观察到。

6. 胶、凹印缩微文字

假币的缩微文字模糊不清，无法分辨。

7. 阴阳互补对印图案

假币的对印图案，在对光透视观察时正背面图案重合不够完整，线条有明显的重叠、漏空、错位现象。

8. 有色、无色荧光图案

在紫外光照射下，假币要么没有荧光图案，要么其荧光图案的颜色及亮度与真币有明显差别。

9. 光变油墨面额数字

假币一般使用两种方式伪造光变油墨面额数字。一种伪造方法是用普通单色油墨平版印刷，无真币特有的颜色变换特征，用手触摸其表面时无凹凸感；一种伪造方法是使用珠光油墨丝网印刷，其变色特征与真币有较明显的区别，如100元假币，使用绿色珠光油墨伪造光变面额数字，有一定光泽，但其线条粗糙，只有绿色珠光效果，无蓝色特征。

10. 纸张

大部分假币所使用的纸张在紫外光照射下会发出较强的蓝色荧光，也有少量假币纸张荧光较弱或没有荧光反应，假币纸张中通常不模仿无色荧光纤维。

四、变造币

变造的货币是指在真币的基础上，利用挖补、揭层、涂改、拼凑、移位、重印等多种方法制作，改变真币原形态的假币。

1. 涂改变造币

一般是指将真币票面面额、图案、货币单位、年版号等部位用化学药剂涂掉，再用油墨或颜料加以修改后制成的假币。通过涂改的方法以达到面额升值或增加收藏价值的目的。这类变造币的涂改部分在颜色、花纹等方面与真币有区别。

2. 剪贴拼凑变造币

主要有以下几种制作方法：一是裁剪拼接，将多张真币进行裁剪，从中抽条，再重新拼接，以达到以少变多的目的，这种变造币长度比真币短，图案、花纹不能完全对接准确。二是剪贴挖补，将真币的某些防伪特征部位挖下来，贴补在假币的相应位置上，以达到蒙混乱真的目的，挖补部位痕迹明显。三是真假拼凑，将部分真币和部分假币黏接在一起，比较钞票不同部位可以发现手感、图案色泽有差异，仔细观察可见接驳处有黏合缝隙或胶带。

3. 揭页变造币

这类变造币是用蒸汽熏蒸等手段将真币正背两面揭开，分别与一张白纸或者假币的正背面黏合制作出的变造币。这种变造币一面真、一面假，正背黏合的痕迹明显，纸张略厚，正背对印图案不能重合。

4. 重印变造币

这类变造币是将原货币的面额数字或图案洗去，重新印上新面额或新图案，以达到增大面值或改变币种的目的。这类变造币多见于美元，由于不同面额的美元纸币票面尺寸相同，因此常有造假者将小面额美元的图案或面额数字洗去，印上大面额，以达到升值的目的。在我国，也曾在钱币市场上发现过造假者将第三套人民币 1 角纸币背红版重印为背绿版的情况，目的是提升收藏价值。

五、人民币假币的鉴别方法

鉴别假币时通常采用直观对比（眼看、手摸、耳听）和仪器检测相结合的方法，即通常所说的一看、二摸、三听、四测。

1. 眼看

用眼睛仔细地观察票面的颜色、图案、花纹、水印、安全线等外观特征。人民币的图案颜色协调，图案、人像层次丰富，富有立体感，人物形象表情传神，色调柔和亮丽；票面中的水印，立体感强，层次分明，灰度清晰；安全线牢固地与纸张黏合在一起，并有特殊的防伪标记；对印图案完整、准确；各种线条粗细均匀，直线、斜线、波纹线明晰、光洁。对人民币而言，主要观察票面颜色、固定人像水印、安全线、胶印缩微文字、红色和蓝色纤维、隐形面额数字、光变油墨面额数字、对印图案、横竖双号码。对有粘贴折痕的钞票还要特别留意是否是变造的假币。

2. 手摸

依靠手指触摸钞票的感觉来分辨人民币的真伪。人民币是采用特种原料，由专用抄造设备抄制的印钞专用纸张印制，其手感光洁、厚薄均匀，坚挺有韧性，且票面上的手感线、行名、盲文标记、国徽和主景图案均采用凹版印刷方式印制，用手轻轻触摸，有凹凸感，手感与摸普通纸张截然不同。白水印数字有凹陷感。

3. 耳听

通过抖动使钞票发出声响，根据声音来判别人民币真伪。人民币的专用特制纸张具有挺括、耐折、不易撕裂等特点。钞票比较新时，手持钞票用力抖动、手指轻弹或两手一张一弛对称拉动钞票，均能发出清脆响亮的声音。

4. 检测

检测就是借助一些基本工具和专用仪器进行钞票真伪识别的方法，是专业反假人员鉴定钞票的必要方法。如借助放大镜来观察票面线条的清晰度、凹版印刷的浮雕效果，胶、凹印缩微文字等；用紫外光照射钞票，观察有色和无色荧光油墨印刷图案，纸张中不规则分布的黄、蓝两色荧光纤维；用磁性检测仪检测黑色横号码的磁性，检测2005年版人民币的磁性图案；用光谱分析仪观察红外防伪特征等。

在这里需要指出的是，在钞票真伪鉴别过程中，不能仅凭一点可疑就草率判定真伪，还要考虑到钞票流通中受到的诸多因素影响，进行综合分析。

钞票在流通过程中，随着时间的推移，票面会出现磨损，甚至会受到一些化学物质等的污染，从而造成钞票真伪难辨。如流通时间过长，票面磨损严重造成钞票水印不够清晰，钞票凹印图案的凹凸感不明显；如钞票碰到强热辐射颜色会改变，遇到酸、碱、盐、油污、有机溶液等污染，会造成正面光变面额数字失去光变效果，票面的有色、无色荧光图案和纸张中的无色荧光纤维的荧光反应减弱；如钞票被洗衣粉等浸泡后，钞票纸张会有荧光反应等，同时上述因素还有可能造成清分机或验钞机的误判。此时使用专用仪器全面分析就很有必要，借助专用工具和仪器可以使我们更准确、快速地鉴定真伪。

技能练习

1. 训练任务

（1）单项选择题

①第五套人民币各面额纸币正面行名下方胶印底纹处，在特定波长的紫外光照射下可以看到（　　），该图案采用了（　　）油墨印刷，可供机读。

A. 该券别面额数字　　无色荧光

B. 对印图案　　有色荧光

C. 隐形面额数字　　无色荧光

②伪造人民币水印一般有两种方法：一种是在纸张夹层中涂布（　　），透光观察，水印所在位置的纸张明显偏厚；另一种是在票面正面、背面或正背面同时使用（　　）印刷类似的水印图案，该图案无须迎光透视也清晰可见，（　　）较差。

A. 白色浆料　　无色或淡黄色油墨　　立体感

B. 无色或淡黄色油墨　　白色浆料　　凹凸感

C. 无色或淡蓝色油墨　　白色浆料　　立体感

③机制假币多采用（　　）印，精度差、颜色偏差大、线文平浮、粗糙、缺乏层次。

A. 胶版　　B. 打印

C. 凸版　　D. 凹版

④现行流通人民币的纸张在紫外光下（　　）。

A. 有　　B. 10 元以下面额的钞票纸有

C. 无　　D. 10 元以上面额的钞票纸有

⑤水印是钞票（　　）项重要防伪特征。

A. 印版　　B. 纸张

C. 油墨　　D. 印刷图文

（2）判断题

①鉴别外币真伪时，一般不使用直观对比法（手摸、眼看、耳听），而是直接使用仪器检测。（　　）

②变造货币是指在真币的基础上，利用挖补、揭层、涂改、拼凑、移位、重印等多种方法制作，改变真币原形态的假币。（　　）

③纸币的防伪措施主要体现在纸张、油墨、印刷技术等方面。（　　）

④纸币真伪的识别通常采用直观对比和仪器检测相结合的方法，即通常所说的摸、看、听、测。（　　）

⑤钞票上的水印图案具有较强的立体感、层次感、真实感。（　　）

（3）多项选择题

①以下（　　）属于伪造币。

A. 拓印假币　　B. 复印假币

C. 拼凑假币　　D. 描绘假币

②手工刻板假币可以分为（　　）。

A. 石版刻印假币　　B. 蜡版刻印假币

C. 木版刻印假币　　D. 金属蚀刻假币

③机制假币可以分为（　　）。

A. 机制凹印假币　　B. 机制套印假币

C. 机制胶印假币　　D. 机制复印假币

④验钞仪使用的检测技术主要有（　　）。

A. 紫外荧光检测　　　　　　　B. 磁性油墨检测

C. 红外特征检测　　　　　　　D. 磁性安全线检测

⑤以下（　　）属于变造币。

A. 剪贴假币　　　　　　　　　B. 拼凑假币

C. 揭页假币　　　　　　　　　D. 照相假币

2. 训练要求

了解假币的概念及类别，熟悉识别假人民币的方法。

3. 训练考核参考标准

根据表2－3所示的任务考核参考标准完成下列训练任务。

表2－3　　　　　　　　任务考核参考标准

考核内容	90分以上	90～80分	79～70分	69～60分	60分以下
评价等级	优秀	良好	中等	及格	不及格

对本环节的学习任务进行考核，满分100分。

任务三　第五套人民币纸币防伪与鉴别

第五套人民币在设计上既保留了我国传统钞票的特点，又充分体现了民族和艺术的时代感。尤其是在防伪技术上，第五套人民币纸币融入了当今世界上科技含量较高的防伪技术并不断完善，目前已发行了1999年版和2005年版两个版本。

一、1999年版第五套人民币纸币采用的防伪技术

1. 固定图案（人像、花卉）水印

位于票面正面左侧空白处，迎光透视，可见立体感很强的多层次水印图案。

2. 红、蓝彩色纤维

在票面上可看到纸张中有红色和蓝色纤维（1元钞票无）。

3. 磁性安全线

100元、50元券中的安全线，迎光观察可见“RMB100”“RMB50”微小字符；20元券为不连续安全线；10元、5元券为全息磁性开窗安全线，仪器检测均有磁性。

4. 手工雕刻头像

票面正面主景毛泽东头像，采用手工雕刻凹版印刷方式印制，形象逼真、传神，凹凸感强，易于识别。

5. 隐形面额数字

票面正面右上方有一装饰图案，将钞票置于与视线接近平行的位置，面对光源作平面旋转 45 度或 90 度角，即可看到面额数字。

6. 胶印缩微文字

票面正面多处印有胶印缩微文字，无须借助放大镜即清晰可见。

7. 光变油墨面额数字

100 元券正面左下方有“100”字样，视线与票面垂直角度观察为绿色，倾斜一定角度则变为蓝色；50 元券正面左下方有“50”字样，视线与票面垂直角度观察为金色，倾斜一定角度则变为绿色。

8. 阴阳互补对印图案

票面正面和背面各有一古钱币局部图案，对光透视观察，正背面图案互补组合成一个完整的古钱币图案。

9. 雕刻凹版印刷

票面正面主景毛泽东头像、中国人民银行行名、盲文面额标记等，用手指触摸有明显凹凸感，除 20 元、1 元券背面图案采用平版胶印外，其他券别背面主景图案均采用雕刻凹版印刷。

10. 横竖双号码

100 元、50 元券别正面采用横竖双号码印刷（均为两位冠字、八位号码）。横号码为黑色，竖号码为蓝色和红色；其他券别钞票为单一双色横号码。

11. 凹印缩微文字

在 100 元、50 元、10 元、5 元、1 元券别的背面下方，有采用凹版印刷方式印制的微小字符，均为“人民币”和“RMB 面额数字”。

12. 凹印接线印刷图案

票面正面大面额数字采用雕刻凹版印刷，两种墨色对接准确。

13. 胶印接线印刷图案

票面正面左侧中国传统图案由线条组成，每根线条呈现出两种以上不同的色彩，不同色彩之间对接完整。

14. 无色荧光油墨印刷图案

票面正面行名下方胶印底纹处，在紫外光照射下可以看到面额数字，该图案采用无色荧光油墨印刷，可供机读。

15. 无色荧光纤维

在紫外光照射下可看到纸张中随机分布有黄色和蓝色荧光纤维。

16. 有色荧光油墨印刷图案

票面背面主景图案中的部分图案，在紫外光照射下显现荧光图案。

17. 磁性油墨印刷号码

用磁性检测仪器检测，票面正面横号码有磁性，可供机读。

18. 红外光油墨印刷图案

钞票正、背面部分图案采用红外光油墨印刷，在红外光照射下不可见。

二、2005 年版第五套人民币防伪措施的改进和提高部分

（1）调整 100 元、50 元券光变油墨面额数字、胶印对印图案位置。

（2）调整隐形面额数字观察角度，票面正面右上方有一装饰性图案，将票面置于与视线接近平行的位置，面对光源转动观察可以看到面额数字，随观察角度不同，数字可以呈深色或浅色。

（3）将原磁性缩微文字安全线调整为全息磁性开窗安全线。100 元、50 元券背面中间偏右，有一条开窗安全线，开窗部分可以看到由缩微字符“￥面额数字”组成的全息图案；20 元券开窗在正面，可见微小“￥20”字样；其他小面额券别未改动，仪器检测有磁性。

（4）取消原大面额（100 元、50 元券）钞票横竖双号码中的竖号码，将横号码改为双色异形横号码，左侧部分为红色，右侧部分为黑色，字符由中间向左右两边逐渐变小；20 元及以下面额券别号码未做改动。

（5）白水印位于正面双色号码下，迎光透视，可以看到透光性很强的面额数字。

（6）正面主景图案右侧，有一组自上而下规则排列的线纹，采用雕刻凹版印刷方式印制，用手指触摸，有极强的凹凸感，称之为凹印手感线。

（7）取消纸张中的红蓝彩色纤维。

（8）红外光油墨印刷的图案质量有所提高。50 元、100 元券背面红外防伪图案对比十分明显。

（9）50 元、100 元券背面部分图案系磁性油墨印刷，可供机读检测。

图 2－14　1999 年版第五套人民币壹佰元纸币防伪特征

三、2005 年版各券别的调整和改进

（一）100 元券的调整和改进

（1）纸张运用中性抄纸技术制造，取消了红、蓝彩色纤维。

（2）调整了光变油墨面额数字、阴阳互补对印图案的位置。

（3）调整了隐形面额数字的观察角度，观察更方便。

（4）将原磁性缩微文字安全线调整为全息磁性开窗安全线。

（5）增加了面额数字白水印、防复印图案和凹印手感线。

（6）取消原横竖双号码中的竖号码，将横号码改为双色异形号码，左侧部分为暗红色，右侧部分为黑色，字符由中间向左右两边逐渐变小。双色异形横号码有磁性，可供机读。

（7）背面主景下方面额数字后增加拼音“YUAN”，凹印缩微文字“RMB100”和“人民币”长度适当缩短，年号改为“2005 年”。

（8）背面调整了红外防伪特征。

（二）50 元券的调整和改进

（1）纸张运用中性抄纸技术制造，取消了红蓝彩色纤维。

（2）调整了光变油墨面额数字、阴阳互补对印图案的位置。

（3）调整了隐形面额数字的观察角度，观察更方便。

（4）将原磁性缩微文字安全线调整为全息磁性开窗安全线。

（5）增加了面额数字白水印、防复印图案和凹印手感线。

（6）取消原横竖双号码中的竖号码，将横号码改为双色异形号码，左侧部分为暗红色、右侧部分为黑色，字符由中间向左右两边逐渐变小。双色异形横号码有磁性，可供机读。

（7）背面主景下方面额数字后增加拼音“YUAN”，凹印缩微文字“RMB50”和“人民币”长度适当缩短，年号改为“2005 年”。

（8）背面调整了红外防伪特征。

（三）20 元券的调整和改进

（1）纸张运用中性抄纸技术制造，取消了红、蓝彩色纤维。

（2）调整了隐形面额数字的观察角度，观察更方便。

（3）增加了面额数字白水印、阴阳互补对印图案。

（4）增加胶印接线印刷图案、防复印图案、凹印手感线。

（5）背面主景下方面额数字后增加拼音“YUAN”，增加凹印缩微文字“RMB20”和“人民币”，年号改为“2005 年”。

（6）背面调整了红外防伪特征。

（7）安全线调整为全息磁性开窗安全线。

（8）背面主景图案桂林山水调整为雕刻凹版印刷。

（四）10 元券的调整和改进

（1）纸张运用中性抄纸技术制造，取消了红、蓝彩色纤维。

（2）调整了隐形面额数字的观察角度，观察更方便。

（3）增加防复印图案和凹印手感线。

（4）背面主景下方面额数字后增加拼音“YUAN”，凹印缩微文字“RMB10”和“人民币”长度适当缩短。

（五）5 元券的调整和改进

（1）纸张运用中性抄纸技术制造，取消了红、蓝彩色纤维。

（2）调整了隐形面额数字的观察角度，观察更方便。

（3）增加防复印图案和凹印手感线。

（4）2005 年版背面主景下方面额数字后增加了拼音“YUAN”，凹印缩微文字“RMB5”和“人民币”长度适当缩短。

技能练习

1. 训练任务

（1）单项选择题

①1999 年版第五套人民币的钞票纸张中有两种有色纤维，这些纤维是（　）。

A. 红色和蓝色　　B. 红色和绿色　　C. 绿色和蓝色

②鉴别人民币纸币的方法之一是“手摸”，真钞表面文字及主要图案有凹凸感，这种凹凸效果产生于（　）印刷方式。

A. 普通胶印　　B. 雕刻凹版　　C. 雕刻凸版

③1999 年版第五套人民币 100 元纸币安全线上的缩微文字是（　）。

A. 100　　B. RMB　　C. RMB100

④固定天安门水印是第（　）套人民币采用的水印图案。

A. 二　　B. 三　　C. 四

⑤第五套人民币正背互补对印图案需要在（　）光下观察。

A. 紫外　　B. 红外　　C. 透射

（2）判断题

①2005 年版第五套人民币纸币正面行名下方无色荧光油墨印刷图案，增

加特别标记，可供机读。(　　)

②第五套人民币 2005 年版 100 元纸币与 1999 年版 100 元纸币比较，调整的公众防伪措施有胶印对印图案、光变油墨面额数字、双色异形横号码、隐形面额数字、全息磁性开窗安全线。(　　)

③第五套人民币 1999 年版隐形数字的观察方法是：将钞票置于与眼睛接近平行的位置，面对光源做 45 度或 90 度旋转即可看到。(　　)

④第五套人民币 2005 年版 100 元纸币与 1999 年版 100 元纸币比较，调整的公众防伪措施有胶印对印图案、光变油墨面额数字、双色异形横号码、隐形面额数字、全息磁性开窗安全线。(　　)

⑤第五套人民币各券别纸币冠字号码均采用两位冠字，八位号码。第五套人民币 1999 年版 100 元、50 元纸币均为横竖双号码，横号码均为黑色，竖号码分为蓝色和红色。20 元、10 元、5 元纸币均为双色横号码，左侧部分均为黑色，右侧部分均为红色。(　　)

(3) 多项选择题

①2005 年版第五套人民币 100 元纸币与 1999 年版 100 元纸币相比，防伪特征作的调整有（　　）。

A. 光变油墨面额数字和胶印对印图案位置

B. 调整隐形面额数字观察角度

C. 将原磁性缩微文字安全线调整为全息磁性开窗安全线

D. 取消原横竖双号码中的竖号码，将横号码改为双色异形横号码。用特定仪器检测，有磁性

E. 背面主景下方的凹印缩微文字“RMB100”和“人民币”长度适当缩短，不穿过面额数字和“YUAN”

F. 运用中性抄纸技术

②以下（　　）防伪措施需迎光透视观察。

A. 光变油墨　　B. 水印　　C. 隐形面额数字

D. 胶印对印图案　　E. 凹印缩微文字

③第五套人民币 2005 年版 10 元纸币与 1999 年版 10 元纸币相比，保留了哪些公众防伪特征（　　）。

A. 固定花卉水印　　B. 白水印　　C. 全息磁性开窗安全线

D. 手工雕刻头像　　E. 胶印缩微文字　　F. 胶印对印图案等

④第五套人民币 2005 年版 100 元纸币保留的公众防伪特征是（　　）。

A. 固定人像水印　　B. 手工雕刻头像　　C. 胶印缩微文字

D. 雕刻凹版印刷

⑤2005 年版 100 元、50 元纸币对专业防伪特征（　　）进行了调整。

A. 凹印微缩文字　　B. 磁性号码　　C. 专用纸张

D. 胶印对印图案

2. 训练要求

了解假币的概念及类别，熟悉识别假人民币的方法。

3. 训练考核参考标准

根据表 2－4 所示的任务考核参考标准完成下列训练任务。

表 2－4　　任务考核参考标准

考核内容	90 分以上	90～80 分	79～70 分	69～60 分	60 分以下
评价等级	优秀	良好	中等	及格	不及格

对本环节的学习任务进行考核，满分 100 分。

任务四　认识人民币硬币

为了健全完善货币制度，确保货币的正常流通，我国从第二套人民币开始，每套人民币在发行纸币的同时均发行了不同面额和材质的普通流通硬币（包括普通纪念币）以辅助货币流通。我国自 1957 年 12 月 1 日发行三种铝镁合金硬分币以来，人民币硬币生产过程中一直不断应用新的工艺和技术，改进人民币流通硬币的币材，成功研制出多种适合我国国情的造币材料。

一、人民币硬币

人民币硬币是由中国人民银行发行的，具有一定形状、重量和面额价值的金属货币。从人民币硬币材料看，其材质主要由金、银等贵金属或铁、镍、铜、铝等合金构成；按其发行内容来看，它分为贵金属纪念币、流通纪念币和普通流通硬币。普通流通硬币，作为人民币纸币的补充，在人民币的流通过程中起着调节货币流通的作用。

1957 年 11 月 19 日，国务院发布了《关于发行金属分币的命令》，并从 1957 年 12 月 1 日起，发行了 5 分、2 分、1 分 3 种硬分币。这是人民币硬币发行的开端。在随后的时间里，我国又陆续发行了长城系列和花卉系列的普通流通硬币。目前，我国参与流通的普通硬币共有4套，截止到2005年8月，我国共发行了7种面额14种版别的普通流通金属币，其中1元3种、5角3种、2角1种、1角4种、5分1种、2分1种、1分1种。

随着时间的变化，科学技术也在不断地提高，各种合金材料的运用，带动了硬币材质的变化和制作工艺的提高。第二套人民币发行的硬币分币，5分、2分和1分材质采用铝镁合金；第三套人民币发行的长城系列的硬币中，其材质分别是：1元硬币采用铜镍合金，5角、2角和1角采用铜锌合金；第四套人民币发行的花卉系列的硬币中，硬币的材质分别是：1元采用钢芯镀镍，5角采用铜锌合金，1角采用铝镁合金；第五套人民币发行的花卉系列的硬币中，其材质分别是：1元采用钢芯镀镍，5角采用钢芯镀铜，1角采用铝合金；2005年8月31日发行的2005年版第五套人民币中1角硬币采用了不锈钢，色泽为钢白色。

二、人民币硬币假币

人民币硬币假币的制作一般有两种制作方法：浇铸法和压印法。

浇铸假硬币：伪造者用一枚真的金属币翻制成模具，再将一些熔点较低的金属进行配比后熔化，将熔化后的合金液注入模腔中，待合金凝固冷却后取出，将边部的浇铸毛刺适当修整便成假币，这种方法设备简单，无须较大的投入，容易实现，但效率低。

此类假币的特点是表面色泽发白发闷，没有金属光泽，用手指反复捻擦其表面，会留下灰黑色污迹，仔细观察质地有些疏松，不耐磨。图纹清晰度明显不如真币，尤其是国徽、天安门、牡丹花蕊等图纹清晰部位模糊，色泽灰暗。边缘由于铸造毛边有修饰的痕迹，直径一般小于真币，浇铸打磨痕迹明显，用肉眼就能分辨。单枚重量一般高于真币，无磁性，其落地声音较沉闷。

压印假硬币：压印法制作的伪造币仿真币仿真程度比较高，方法是用真币为电极，通过电火花工艺直接复制冲压模具，将带有正反图纹的两只模具装夹在压印机床上，将准备好的金属坯饼置于两只模子之间封闭的模腔，对金属坯饼加压制成假币。

采用这种方法，设备较先进，需要较大的投入，生产效率高，因此假币往往有一定的批量。此类假硬币的特点是；图纹较接近真币，但仔细观察，由于模具是通过电火花加工的，表面因放电电弧烧蚀，压制的产品图纹较真币粗糙。

鉴别硬币真假的主要方法有：

直观对比法：通过对比色泽、图案特征、声音、边部处理等进行真假鉴别。

测量称重法：主要是指通过千分尺、工具显微镜、图纹测高仪、衡器等度量工具，测量清边高度、清边宽度、清边对称度、金属币正背面图纹测量点高度以及单枚金属币的重量等物理指标，对照国家金融行业技术标准，看其是否符合技术标准规定进行真假鉴别。

图纹重合比较法：通过将真币和待测币放在对接重影比较仪下，对两枚币的图案、花纹、文字进行重合比较、仔细观察它们的图案、花纹、文字是否完全重合进行真假鉴别。

合金成分分析法：通过对金属成分及成分配比的定性、定量分析进行真假鉴别。合金成分的检测方法一般有仪器检测法和化学分析法，需要借助专业仪器和专业设备才能实现。

机读法：采用电涡流传感器，通过非接触方式测量流通硬币的机读性能，判别硬币真伪。

技能练习

1. 训练任务

（1）单项选择题

①第五套人民币 1 元硬币的直径是（　　）。

A. 25 毫米　　B. 25. 5 毫米　　C. 30 毫米

②第五套人民币硬币外缘采用边部滚字防伪技术的是（　　）。

A. 1 元硬币　　B. 5 角硬币　　C. 1 角硬币

③第五套人民币 5 角硬币外缘为间断丝齿，共有（　　）个丝齿段，每个丝齿段有（　　）个齿距相等的丝尺。

A. 6、8　　B. 4、6　　C. 8、4

④第五套人民币 5 角硬币的材质是（　　）。

A. 钢芯镀镍　　B. 黄铜合金　　C. 钢芯镀铜合金

⑤下图中的硬币是从（　　）人民币开始发行的？

A. 第一套　　B. 第二套　　C. 第三套　　D. 第四套

（2）判断题

①硬币有穿孔、裂口、变形、磨损、氧化、文字、面额数字、图案模糊不清等情形之一的不宜流通。(　　)

②第五套人民币5角硬币色泽为金黄色，直径为20.5毫米，材质为钢芯镀铜合金。硬币外缘为间断丝齿，共有6个丝齿段，每个丝齿段有8个齿距相等的丝齿。(　　)

③第五套人民币1元硬币的材质为钢芯镀镍，直径为25毫米，硬币外缘印有“CHIAN”字标记。(　　)

④第五套人民币5角硬币的外缘印有“RMB”字符标记。(　　)

⑤第五套人民币1元硬币与第四套人民币1元硬币相比，增加了边部滚字防伪特征。(　　)

（3）多项选择题

①硬币有以下（　　）情形的不宜流通。

A. 穿孔、裂口　　B. 裂口、变形　　C. 划痕、弄脏

D. 文字、面额数字、图案模糊不清　　E. 磨损、氧化

②第五套人民币硬币使用的币材有（　　）。

A. 铝合金　　B. 钢芯镀镍　　C. 不锈钢

D. 钢芯镀铜合金

③硬币边部的处理技术有（　　）。

A. 间断丝齿　　B. 连续斜丝齿　　C. 全齿间隔半齿

D. 边部滚字、边部凹槽滚字

④纪念币的种类包括（　　）。

A. 金银纪念币　　B. 普通纪念币　　C. 非流通纪念币

D. 贵金属纪念币

⑤我国目前流通的金属硬币共有（　　）几种面额。

A. 1元　　B. 5角　　C. 1角

D. 5分　　E. 2分、1分

2. 训练要求

了解假币的概念及类别，熟悉识别假人民币的方法。

3. 训练考核参考标准

根据表2-5所示的任务考核参考标准完成下列训练任务。

表 2-5　　任务考核参考标准

考核内容	90 分以上	90 ~ 80 分	79 ~ 70 分	69 ~ 60 分	60 分以下
评价等级	优秀	良好	中等	及格	不及格

对本环节的学习任务进行考核，满分 100 分。

项目三　点钞技能

技能目标

1. 熟练掌握手持式单指单张手工点钞法，基本掌握手工点钞的其他方法
2. 能正确使用点钞机点钞
3. 正确、熟练掌握捆钞技能

工作描述

1. 工作对象：各种币别的点钞券
2. 能力训练用品：点钞机、点钞券、捆钞带、计时器、点钞蜡、印油、名章、假币
3. 工作场所：从事会计、审计、统计、金融、税务、营销等各种经济管理工作的场所

能力训练

能力训练任务、目标、相关知识及训练方式，如表3－1所示。

表3－1　能力训练任务、目标、相关知识及训练方式

任务	目标	相关知识	训练方式
手工点钞技术	①能熟练掌握手持式单指单张点钞法 ②能基本掌握其他点钞法	①手持式单指单张点钞法指法要求 ②其他点钞法指法要求	用手持式单指单张点钞法指法和其他点钞法进行交替点钞训练
机器点钞	①能熟练进行机器点钞 ②能熟练使用点钞机，并进行简单的故障处理	①机器点钞的基本方法和要求 ②点钞机简单故障处理方法	用点钞机熟练进行点钞训练
捆扎技术	①能熟练掌握缠绕式手工捆钞方法 ②能熟练掌握拧结式手工捆钞方法 ③能熟练掌握机器捆钞的方法	①缠绕式手工捆钞的基本方法 ②拧结式手工捆钞的基本方法 ③机器捆钞的基本方法	反复进行各种捆扎技术训练

任务一　手工点钞技能

点钞是指按照一定的方法查清票币的数额，即整理、清点钞票的工作，在银行泛指清点各种票币，又称票币整点。对于前台柜员以及出纳人员来说，清点钞票是一项经常的、大量的、技术性很强的工作。点钞速度的快慢、技术水平的高低，直接影响工作的效率和质量。掌握过硬的点钞技能，是每个财会人员必须具备的业务素质。点钞对于为社会经济提供信用中介、支付中介以及各项金融服务的银行来说尤其重要。

一、认识点钞

1. 点钞的总体要求

出纳人员在办理现金的收付与整点时，要做到准、快、好。“准”就是钞券清点不错不乱，准确无误；“快”是指在准的前提下，加快点钞速度，提高工作效率；“好”就是清点的钞券要符合“五好”钱捆的要求，即点准、挑净、墩齐、捆紧、盖章清楚。“准”是做好现金收付和整点工作的基础和前提，“快”和“好”是银行加速货币流通、提高服务质量的必要条件。

在人民币的收付和整点中，要把混乱不齐、折损不一的钞票进行整理，使之整齐美观。

- 平铺整齐，边角无折。同券一起，不能混淆。
- 券面同向，不能颠倒。验查真伪，去伪存真。
- 剔除残币，完残分放。百张一把，十把一捆。
- 扎把捆好，经办盖章。清点结账，复核入库。

2. 点钞的基本程序

点钞是一个从拆把开始到扎把为止的一个连续、完整的过程。它一般包括拆把持钞、清点、记数、墩齐、扎把、盖章等环节。要加速点钞速度，提高点钞水平，必须把各个环节的工作都做好。

（1）拆把持钞。清点前，首先需将腰条纸拆下。拆把时可将腰条纸脱去，保持其原状，也可将腰条纸用手指勾断。通常初点时采用脱去腰条纸的方法，以便复点时发现差错进行查找，复点时一般将腰条纸勾断。

持钞的速度和姿势也会影响点钞速度。要注意每一种点钞方法的持钞方法。

（2）清点。清点是点钞的关键环节。清点的速度和准确性直接关系到点钞的准确与速度。因此，要勤学苦练清点基本功，做到清点既快又准。

在清点过程中，还需将损伤券按规定标准挑出，以保持流通中票面的整洁。例如，若该把券中夹杂着其他版面的钞券，应将其挑出。

在点钞过程中如发现差错，应将差错情况记录在原腰条纸上，并把原腰条纸放在钞券上面一起扎把，不得将其扔掉，以便事后查明原因，另做处理。

（3）记数。记数也是点钞的基本环节，与清点相辅相成。在清点准确的基础上，必须做到记数准确。

（4）墩齐。钞券清点完毕扎把前，先要将钞券墩齐，以便扎把保持钞券外观整齐美观。钞券墩齐要求四条边水平，不露头或不呈梯形错开，卷角应拉平。墩齐时，双手松拢，先将钞券竖起来，双手将钞券捏成瓦形在桌面上墩齐，然后将钞券横立并将其捏成瓦形在桌面上墩齐。

（5）扎紧。每把钞券清点完半后，要扎好腰条纸。腰条纸要求扎在钞券的1/2处，左右偏差不得超过2厘米。同时要求扎紧，以提起第一张钞券不被抽出为准。

（6）盖章。盖意是点钞过程的最后一环，在腰条纸上加盖点钞员名章，表示对此把钞券的质量、数量负责。所以，每个出纳员点钞后均要盖章，而且图章要盖得清晰，以看得清行号、姓名为准。

3. 点钞的基本要领

（1）坐姿端正。点钞的坐姿直接影响点钞技术的发挥和提高。正确的坐姿应该是直腰挺胸，身体自然，肌肉放松，双肘自然放在桌上，持票的左手腕部接触桌面，如图3－1、图3－2所示。

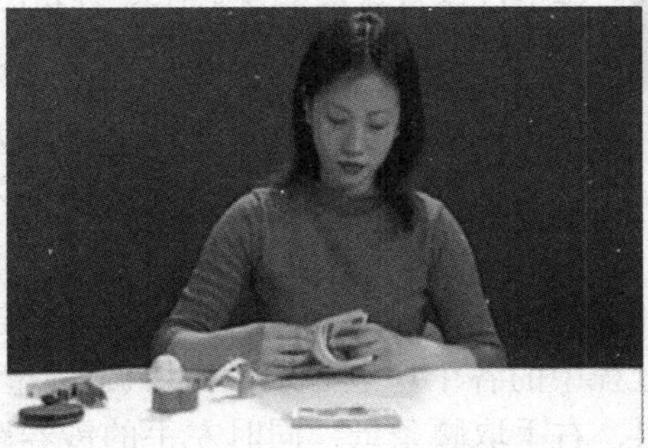

图3－1　端正姿势正面

图3－2　端正姿势侧面

（2）肌肉要放松。点钞时，两手各部位的肌肉要放松。肌肉放松，能够使双手活动自如，动作协调，并减轻劳动强度。否则，会使手指僵硬，动作不准确，既影响点的速度，又消耗体力。正确的姿势是：肌肉放松，双手自然放在桌面上，持票的左手手腕接触桌面，右手手腕稍抬起。

（3）钞券要墩齐。需清点的钞券必须清理整齐、平直，这是点准钞券的前提。钞券不齐不易点准。将折角、弯折揉搓过的钞券弄直、抹平，挑出明显破裂、质软的钞券。清理好后、将钞券在桌面上墩齐。

票币点好后必须墩齐（四条边水平，不露头，卷角拉平）了才能扎把。

（4）用品定位。点钞时使用的印泥、图章、水盒、腰条等要按使用顺序固定位置放好，以便点钞时使用顺手。

（5）开扇均匀。使用各种点钞方法时，都应在钞券清点前，将票面打开成缴扇形和小扇开，使钞券有一个坡度，便于捻动。开扇均匀是指每张钞券的间隔距离必须一致，使之在捻钞过程中不易夹张。因此，扇面开得是否均匀，决定着点钞是否准确。

（6）手指触面要小。手工点钞时，点钞的手指与钞票的接触面要小。如果手指接触面大，手指往返动作的幅度随之增大，就会使手指频率减慢，影响点钞速度。

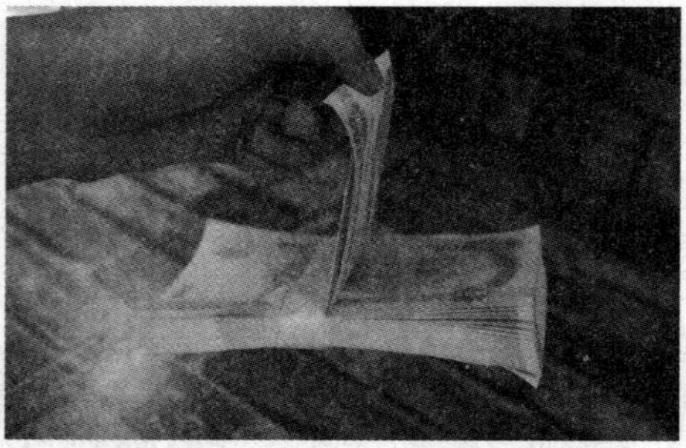

图3－3　捆紧后特征

（7）扎把捆紧。扎小把，以提起把中第一张票币不被抽出为准。按“#”字形捆扎的大捆，用力推不变形，抽不出票把为准，如图3－3所示。

（8）动作连贯。动作连贯是保证点钞质量和提高效率的必要条件，点钞过程中的各个环节必须密切配合，环环相扣。清点时双手动作要协调，速度要均匀，要注意减少不必要的小动作。

点钞时各个动作之间相互连贯是加快点钞速度的必要条件之一。动作连贯包括下列两方面的要求。一是点钞过程中的各个环节必须紧密协调，环环相扣。如点完100张墩齐后，左手持票，右手取腰条纸，同时左手的钞券跟上去，迅速扎好小把；在右手放票的同时，左手取另一把钞券准备清点，而右手顺手沾水清点等。这样就使扎把、持钞及清点各环节紧密地衔接起来了。二是清点时的各个动作要连贯，即第一组动作和第二组动作之间，要尽量缩短甚至不留空隙时间。如用手持式四指拨动点钞法清点时，当第一组的食指捻下第四张钞券时，第二组动作的小指要迅速跟上，不留空隙。这就要求在清点时双手动作要协调，清点动作要均匀，切忌忽快忽慢、忽多忽少。另外，在清点中要尽量减少不必要的小动作、假动作，以免影响动作的连贯性和点钞速度。

(9) 点数要协调。点和数是点钞过程的两个重要方面，这两个方面要相互配合，协调一致。记数跟不上，或点的速度慢，记数过快，都会造成点钞不准确，甚至造成差错。所以，点和数二者必须一致，这是点准的前提条件之一。为了使两者紧密结合，记数通常采用分组法。单指单张以十为一组记数，多指多张以清点的张数为一组记数，以使点和数的速度能基本吻合。同时记数通常要用脑子记，尽量避免用嘴数。

(10) 盖章清晰。腰条上的名章是分清责任的标志。票币整点后都要盖章，图章要清晰可辨。

4. 点钞方法

点钞包括整点纸币和清点硬币。点钞方法是相当多的，概括而言，可以划分为手工点钞和机器点钞两大类。根据持票姿势不同，手工点钞又可划分为手持式点钞法、手按式点钞法和扇面式点钞法。手按式点钞法是将钞票放在台面上操作；手持式点钞法是在手按式点钞法的基础上发展而来的，其速度远比手按式点钞法快，因此，手持式点钞法在全国各地应用比较普遍。扇面式点钞法其实也是一种特殊的手持式点钞法，只是由于适用范围及不同于一般的手持式指法，所以本书把它单独列出来讲解。

手持式点钞法，根据指法不同又可分为单指单张、单指多张、多指多张等。手按式点钞法也可分为单指单张、单指多张。扇面式点钞法一般采用单指多张和多指多张。

手工清点硬币的方法也是一种手工点钞法。在没有工具之前，硬币全部用手工清点，这是清点硬币的一种基本方法，它不受客观条件的限制，只要熟练掌握，在工作中与工具清点速度相差不大。

二、手持式点钞

1. 手持式单指单张点钞

手持式单指单张点钞是一种适用面较广的点钞方法，可用于收款、付款和整点各种新旧大小钞券。这种点钞方法的优点是，持票人持票所占的票面较小，视线可及票面的3/4，容易发现假币，挑剔残破币也比较方便。手持式单指单张点钞法的操作步骤如下。

（1）拆把持钞。

①拆把的方法有以下两种。

第一种方法：持把时左手拇指在钞券正面的左端，约在票面的1/4处，食指和中指在钞券背面与拇指一起捏住钞券，无名指和小指自然弯曲；捏起钞券后，无名指和小指伸向票前压住钞券的左下方，中指弯曲稍用力，与无名指和小指夹住钞券；食指伸直，拇指向上移动按住钞券的侧面将钞券压成瓦形，并使左手手心向下，然后用右手脱去钞券上的腰条。同时，左手将钞券在桌面上轻轻擦，拇指借用桌面的摩擦力将钞券向上翻成微型票面。右手的拇指、食指、中指蘸水做点钞准备。从上面可以看出，这种拆把方法不撕断纸条，便于保留原纸条查看图章。此拆把方法通常用于初点现金。

第二种方法：钞券横执，正面朝着身体，用左手的中指和无名指夹住票面的左上角，拇指按住钞券上边沿处，食指伸直，中指稍用力，把钞券放在桌面上，并使左端翘起成瓦形，然后用左手食指向前伸勾断腰条纸并抬起食指使腰条自然落在桌面上，左手大拇指翻起钞票的同时用力向外推使钞券成小扇面（30°~45°），右手拇指、食指、中指蘸水做好点钞准备。这种方法的特点是左右手可同时操作，拆把速度快，但腰条纸勾断后不能再使用。这种拆把方法通常用于复点现金。

②持钞：钞券横执，钞券的反面朝着身体。用左手中指和无名指夹住钞券的左端中间，食指和中指在前面，中指弯曲，食指伸直；无名指和小指放在钞券后面并自然弯曲。左手拇指在钞票下边沿后侧约占票面的1/3处用力将钞券向上翻起呈瓦形，使钞券正面朝向身体，并用拇指捏住钞票里侧边缘向外推，食指协助拇指，使钞票打开呈微扇形状。持钞步骤如图3-4~图3-8所示。

图3-4　手持式持钞第一步

图3-5　手持式持钞第二步

图3-6　手持式持钞第三步

图 3－7　手持式持钞第四步

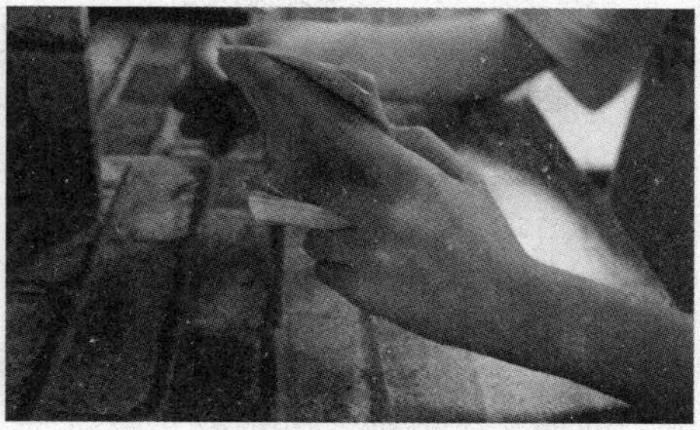

图 3－8　手持式持钞背面

（2）清点。拆把后，左手持钞稍斜，正面对胸前，右手捻钞。捻钞从右上角开始。用右手拇指尖向下捻动钞票的右上角，拇指不要抬得太高，动作的幅度也不宜太大，以免影响速度；食指在钞票背面托住少量钞票配合拇指工作，随着钞票的捻出要向前移动，以及时托住另一部分钞票；无名指将捻下来的钞票往怀里方向弹，每捻下一张弹一次，要注意轻点快弹；中指翘起不要触及票面，以免妨碍无名指动作。在清点中拇指上的水用完向中指蘸一下便可点完 100 张。同时，左手一指也要配合动作，当右手将钞券下捻时，一指要随即向后移动，并用指尖向外推动钞券，以利捻钞时下钞均匀。在这一环节中，要注意右手拇指捻钞时，主要负责将钞券捻开，下钞主要靠无名指弹拨，如图 3－9、图 3－10 所示。

图 3－9　手持式持钞第三步

图 3－10　手持式持钞第四步

（3）挑残破券。在清点过程中，如发现残破券应按剔旧标准将其挑出。为了不影响点钞速度，点钞时不要急于抽出残破券，只要用右手中指、无名指夹住残破券将其折向外边，待点完 100 张后再抽出残破券补上完整券。

（4）记数。在清点钞券的同时要记数。由于单指单张每次只捻一张钞券，记数也必须一张一张记，直至记到100张。从“1”到“100”的数中，绝大多数是两位数，记数速度往往跟不上捻钞速度，所以必须巧记。通常可采用分组计数法。

分组记数法具体来说有两种：一种是1、2、3、4、5、6、7、8、9、1；1、2、3、4、5、6、7、8、9、2……1、2、3、4、5、6、7、8、9、10。这样正好100张。这种方法是把100个数编成10个组，每个组都由10个一位数组成，前面9个数都表示张数，最后一个数既表示这一组的第10张，又表示这个组的组序号码即第几组。这样在点数时记数的频率和捻钞的速度能基本吻合。另一种方法是0、2、3、4、5、6、7、8、9、10；1、2、3、4、5、6、7、8、9、10……9、2、3、4、5、6、7、8、9、10。这种记数方法的原则与前种相同，不同的是把组的号码放在每组数的前面。这两种记数方法既简捷迅速又省力好记，有利于准确记数。记数时要注意不要用嘴念出声来，要用心记。做到心、眼、手三者密切配合。

2. 手持式单指多张点钞

手持式单指多张点钞是在手持式单指单张点钞的基础上发展起来的。点钞时，一指同时点两张或两张以上的方法叫单指多张点钞法。它适用于收款、付款和各种券别的整点工作。用这种方法点钞时，记数简单、省力，效率高；但也有其缺点，就是在一指捻几张时，由于不能看到中间几张的全部票面，所以假钞和残破券不易被发现。这种点钞法除了记数和清点外，其他均与单指单张点钞法相同。

（1）清点。清点时右手拇指肚放在钞券的右上角，拇指尖略超过票面。如点双张，先用拇指肚捻下第1张，拇指尖捻下第2张；如点3张及3张以上时，同样先用拇指肚捻下第1张，然后依次捻下后面一张，用拇指尖捻下最后一张，要注意拇指均衡用力，捻的幅度也不要太大，食指、中指在钞券后面配合拇指捻动，无名指向怀里方向弹。为增大审视面，并保证左手切数准确，点数时眼睛要从左侧向右看，这样容易看清张数和残破券、假币。

（2）记数。由于一次捻下多张，应采用分组记数法，以每次点的张数为组记数。如点3张，即以3张为组记数，每捻3张记一个数，33组余1张就是100张；又如点5张，即以5张为组记数，每捻5张记一个数，20组就是100张。以此类推。

3. 手持式四指四张点钞

手持式四指四张点钞法，点钞时用小指、无名指、中指、食指依次捻下一张钞票，一次清点四张钞票的方法。它适用于收款、付款和整点工作，是一种适用广泛，比较适合柜面收付款业务的点钞方法。它的优点是速度快、效率高。由于每指点一张，票面可视幅度较大，看得较为清楚，有利于挑出假币和破损券。

（1）持钞。钞券横立，左手持钞。持钞时，手心朝胸前，手指向下，中指在票前，食指、无名指、小指在后，将钞券夹紧；以中指为轴心五指自然弯曲，中指第二关节顶住钞券，向外用力，小指、无名指、食指、拇指同时向手心方向用力，将钞券压成“U”形，“U”口朝里；这里要注意食指和拇指要从右上侧将钞券往里下方轻压，打开微扇面；手腕向里转动 90 度，使钞券的凹面向左但略朝里，凸面朝外向右；中指和无名指夹住钞券，食指移到钞券外侧面，用指尖管住钞券，以防下滑，大拇指轻轻按住钞券外上侧，既防钞券下滑又要配合右手清点。最后，左手将钞券移至胸前约 20 厘米的位置，右手五指同时蘸水，做好清点准备。手持式四指四张点钞持钞如图 3 – 11 ~ 图 3 – 13 所示。

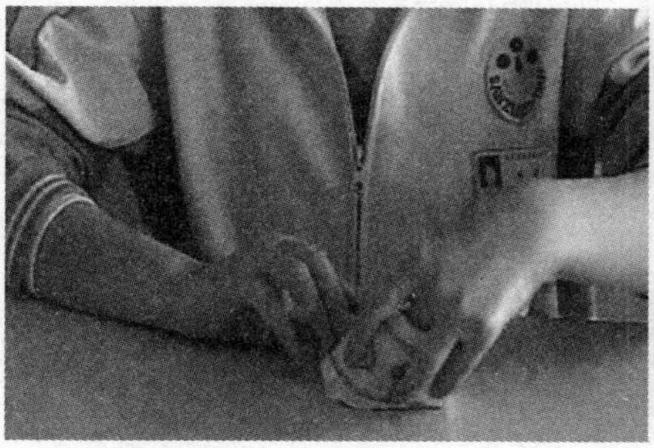

图 3 – 11　手持式四指四张点钞持钞第一步

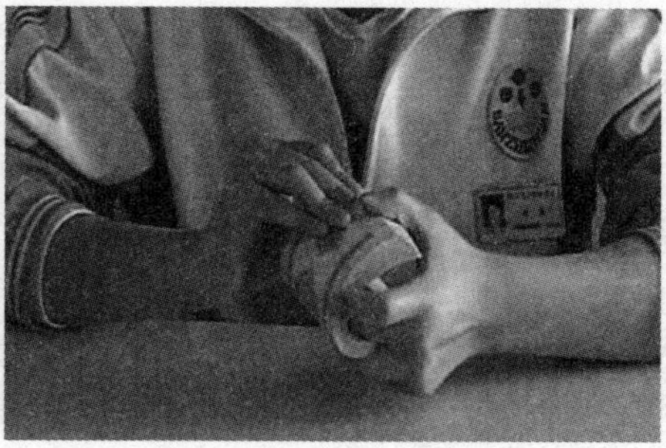

图 3 – 12　手持式四指四张点钞持钞第二步

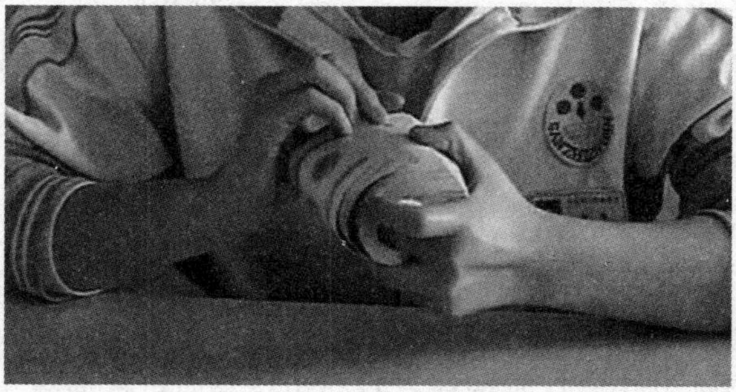

图 3 – 13　手持式四指四张点钞持钞第三步

（2）清点。两只手摆放要自然。一般左手持钞略低，右手手腕抬起高于左手。清点时，右手拇指轻轻托住内上角里侧的少量钞券；其余四指自然并拢，弯曲成弓形；食指在上，中指、无名指、小指依次略低，四个指尖呈一条斜线。然后从小指开始，四个指尖依次顺序各捻下一张，四指共捻四张。接着以同样的方法清点，循环往复，点完25次即点完100张。

（3）记数。采用分组记数法。以四个指头顺序捻下四张为一次，每次为一组，25次即25组即为100张。

4. 手持式五指拨动点钞法

手持式五指拨动点钞适用于收款、付款和整点工作。它的优点是效率高、记数省力，可减轻动力强度。这种方法要求五个手指依次动作，动作难度较大。

操作方法有以下3种。

（1）除点数外，其他均与手持式四指拨动点钞法相同。点数时先从拇指开始触及票面及票面弧形面上，然后以二、三、四、五指顺序逐一点数，向怀内下方拨票，手腕旋转连续拨动钞票，每5张为一组，记一个数。

（2）持把方法与手持式单张点钞法基本相同，不同的是左手二指略伸出票面夹住钞票不让其下垂，拇指夹住钞票侧面上端。点钞时右手五个指头同时蘸水后，从五指开始，依次四、三、二、拇指，逐一触及钞票上端，轻轻向外推动，到拇指收尾，每指推点1张，每5张为一组，记一个数。

（3）持把与手持式单张点钞法相同。点钞时左手五个手指稍离开，微曲，向怀里（下方）轻轻拨动钞票的右上角（或中间）。点数时先从拇指开始，到五指收尾，每个手指拨点1张，拨动一次是5张，记数与上法相同。

以上介绍的五指拨动法是单向拨动，即右手始终是从拇指开始依次向怀里方向拨动，直到小指收尾止。五指拨动法也可里外双向拨动，即先从拇指开始，食指、中指依次向怀里方向拨动，到无名指收尾为止，再从小指开始，依次无名指、中指向外方向拨动，直到食指收尾为止。这样来回拨动，一次8张，点12个来回余4张即为100张。这种点钞方法准确度较大、速度快、效率高。

三、扇面式点钞

扇面式点钞法最适合用于整点新券及复点工作，是一种效率较高的点钞方法。但这种点钞方法清点时往往只看票边，票面可视面极小，不易挑剔残破券和鉴别假钞，不适用于整点新旧币混合的钞券。

扇面式点钞法一般有拆把、开扇、清点、记数、合扇、墩齐或扎把等基本环节。由于清点方法不同，可分为单指一按多张点钞（单指多张法）和多指各按单张（多指多张法）两种。一次按得越多，点数的难度就越大，初学者应注意选择适当的张数。下面分别介绍这两种方法。

1. 扇面式单指多张点钞法

（1）持票拆把。钞券竖拿，左手拇指在票前、食指和中指在票后一并捏住钞券左下角约1/3处，左手无名指和小指自然弯曲。右手拇指在票前，其余四指横在票后约1/2处，用虎口卡住钞券，并把钞券压成瓦形，再用拇指勾断钞券上的腰条纸做开扇准备。

（2）开扇。开扇也叫打扇面，是扇面点钞最关键的环节。扇面开得匀不匀，直接影响到点钞的准确性。因此，扇面一定要开得均匀，即每张钞券的间隔要均匀。开扇效果如图3－14所示。开扇有一次性开扇和多次开扇两种方法。

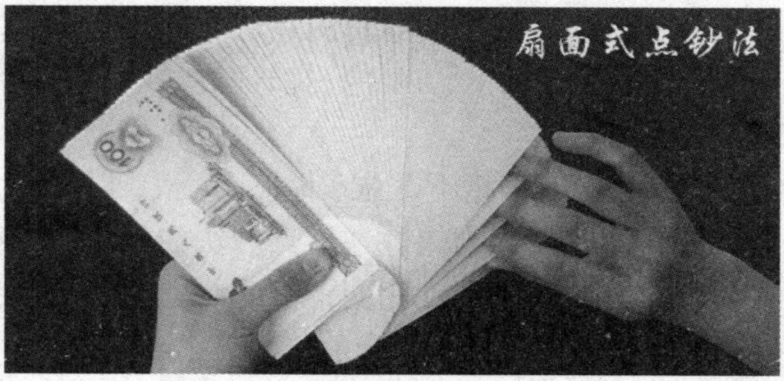

图3－14　开扇

①一次性开扇的方法：以左手为轴，以左手的拇指和食指持票的位置为轴心，右手拇指用力将钞券往外推，右手食指和中指将钞券往怀里方向转过来然后向外甩动，同时左手拇指和食指从右向左捻动。左手捻、右手甩要同时进行。一次性开扇效率高，但难度较大。开扇时要注意左右手协调配合，右手甩扇面要用劲，右手甩时左手拇指要放松，这样才能一性甩开扇面，并使扇面开得均匀。

②多次开扇的方法：以左手为轴，右手食指和中指将钞券向怀里左下方压，用右手腕把钞券压弯，稍用力往怀里方向从右侧向左侧转动，转到左侧时右手将压弯的钞券向左上方推起，拇指和食指向左捻动，左手拇指和食指在右手捻动时略放松，并从右向左捻动。这样反复操作，右手拇指逐次由钞

券中部向下移动，移至右下角时即可将钞券推成扇形面。然后双手持票，将不均匀的地方拉开抖开，钞券的左半部向左方抖开，右半部的钞券向方抖开。这种开扇方法较前一种费时，但比较容易掌握。用这种方法开扇时要注意开扇动作的连贯性，动作不连贯，会影响整体点钞速度。

（3）清点。清点时，左手持扇面，扇面平持但钞券上端略上翘使钞券略倾斜，右手中指、无名指、小指托住钞票背面，右手拇指一次向下按 5 张或 10 张钞券，按下的钞券由食指压住，接着拇指按第二次，以此类推。同时，左手应随着点数的进度以腕为轴微向怀里方向转动用。这种方法清点时，要注意拇指下按时用力不宜过大，下按的拇指一般按在钞券的右上角。从下按的张数来看，如出纳员经验丰富，也可一次下按 6 张、8 张、12 张、14 张、16 张等。

（4）记数。采用分组记数法。一按 5 张即 5 张为一组，记满 20 组为 100 张。一按 10 张即每 10 张为一组，记满 10 组即为 100 张。其余类推。

（5）合扇。清点完毕即可合扇。合扇时，左手用虎口松拢钞券向右边压；右手拇指在前，其余四指在后托住钞券右侧并从右向左合拢，左右手一起往中间稍用力，使钞券竖立在桌面上，两手松拢轻墩。钞券墩齐后即可扎把。

2. 扇面式多指多张点钞法

扇面式多指多张点钞，有一指下 5 张、6 张、7 张、8 张等，最多可达 15 张，因此这种点钞方法的速度相当快。这种点钞法的持票、拆把、开扇、记数、合扇等方法与扇面一按多张点钞相同，仅清点方法有所区别。故这里只介绍它的清点操作过程，并以四指 5 张为例。

清点时，左手持扇面，右手清点。先用左手拇指下按第一个 5 张。然后右手指沿钞券上端向前移动按下第二个 5 张，中指和无名指依次下按第三、第四个 5 张，这样即完成一组动作。当无名指下按第四个 5 张后，拇指应迅速接着下按第一个 5 张，即开始第二轮的操作。四个手指依次轮流反复操作。由于左手指移动速度快，在清点过程中要注意右臂要随各个手指的点数轻轻向左移动。还应注意每指清点的张数应相同。下按 6 张、7 张等钞券的方法与下按 5 张相同。

用 5 个手指、3 个手指、2 个手指均可清点。其清点方法与四指多张相同。

技能练习

1. 训练任务

10 分钟内完成 10 把（含）以上把数的拆把、点数和扎把程序。点钞指法必须是手持式，单指单张和多指多张不限。

2. 训练要求

（1）加强指法练习。初学者应先以练习单指单张点钞法开始，待点钞指法熟练后，依次练习单指多张点钞法、多指多张点钞法、扇面式点钞法。

（2）强化动作协调。动作连贯是保证点钞质量和提高效率的必要条件，点钞过程的各个环节（拆把、清点、墩齐、扎把、盖章）必须密切配合，环环相扣。清点中双手动作要协调，速度要均匀。

（3）练手。手指活动要灵活，接触的感觉要灵敏，动作的幅度要小，捻钞不重张，以提高捻钞速度。

（4）练眼力。眼睛与手相配合，在手指迅速捻动钞币的过程中，能辨别张数、面额、花纹、色彩。

（5）练记数。大脑与手、眼协作，时刻掌握清点的张数。要注意不要用嘴念出声来，要用心记。

3. 训练考核参考标准

（1）坐姿端正，点钞手势优美大方，点钞期间无间歇、停顿。

（2）在点钞期间有两次要求重新开始的机会，第一次扣2分，第二次扣5分。

（3）拆把、点钞、捆扎，要求100张/捆，剩余相同面额不足100张的不扎把，扎把质量要求符合行业通用要求，每正确一把计5分。

考核参考标准如表3－2所示。

表3－2　　　　考核参考标准

考核内容	完成10把	完成8～9把	完成7把	完成6把	完成6把以下
评价等级	优秀	良好	中等	及格	不及格

任务二　机器点钞

机器点钞就是使用点钞机代替手工整点钞票。机器点钞代替手工点钞，对提高工作效率、减轻出纳人员的劳动强度、改善临柜服务态度、加速资金周转都有积极的作用。随着金融事业的不断发展，出纳的收付业务量也日益增加，机器点钞已成为银行出纳点钞的主要方法。

一、认识点钞机

由于各种点钞机的外形不尽相同，同时相对的一些附加功能也各有差异，大部分点钞机主要由三大部分组成。第一部分是捻钞；第二部分是计数；第三部分是传送整钞。

捻钞部分由下钞斗和捻钞轮组成。其功能是将钞券均匀地捻下送入传送带。捻钞是否均匀、计数是否准确，其关键在于下钞斗下端一组螺丝的松紧程度。使用机器点钞时，必须调节好螺丝，掌握好下钞斗的松紧程度。下钞斗和捻钞轮用来将钞券均匀地捻下送入传送带；捻钞轮捻出的每张钞券通过光电管和灯泡后，由计数器记忆并将光电信号转换到数码管上显示出来。

计数部分（以电子计数器为例）由光电管、灯泡、计数器和数码组成。捻钞轮捻出的每张钞券通过光电管和灯泡后，由计数器记忆并将光电信号轮换到数码管上显示出来。数码管显示的数字，即为捻钞张数。

传送整钞部分由传送带、接钞台组成。传送带的功能是传送钞券并拉开钞券之间的距离，加大票币审视面，以便及时发现损伤券和假币。接钞台是将落下的钞券堆放整齐，为扎把做好准备。常见点钞机如图 3－15 所示。

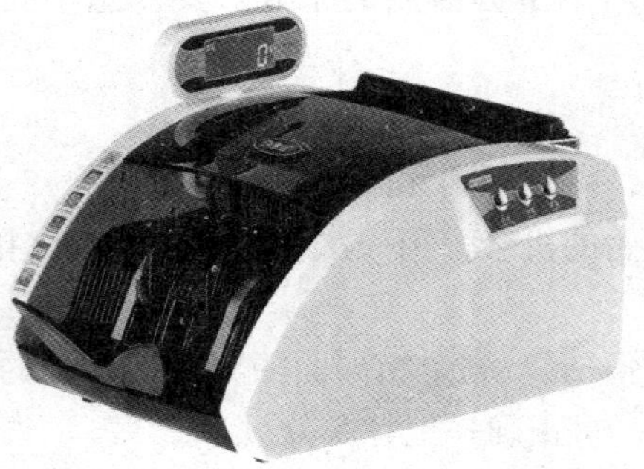

图 3－15　常见点钞机

二、机器点钞前的准备

1. 放置好点钞机

点钞机一般放在桌上，点钞员的正前方，离胸前 30 厘米左右。未清点的钞券放在机器右侧，已经清点的钞券放在机器左侧。腰条纸横放在机器前面即靠点钞员胸前的那一侧。临柜收付款时也可将点钞机放在点钞桌抽屉内，桌子台面上用玻璃板，以便看清数字和机器运转情况。

2. 放置好钞券和工具

在准备点钞环节还包括了整理票币，在整理过程中要将以下几种纸币挑出：用纸或透明胶补疤、被水洗过、有严重污渍、有破损的纸币。使用点钞机前再次对照使用说明确认使用步骤，确保使用方法的准确。

机器点钞是连续作业，且速度相当快，因此清点的钞券和操作用具的摆放位置必须固定，这样才能做到忙而不乱。一般未点的钞券放在机器右侧，按大小票面顺序排列，或从大到小，或从小到大，切不可大小夹杂排列；经复点钞钞券放在机器左侧；腰条纸应横放在点钞机前面即靠点钞员胸前的那一侧，其他各种用具的放置要适当、顺手。

3. 试机

首先检查各机件是否完好，再打开电源，检查捻钞轮、传送带、接钞台运行是否正常；灯泡、数码管显示是否正常。然后开始调试下钞斗，松紧螺母，通常以壹元券为准，调到不松、不紧、不夹、不阻塞为宜。调试时，右手持一张壹元券放入下钞斗，捻钞轮将券一捻住，马上用手抽出，以捻得动抽得出为宜。

调整好点钞机后，还应拿一把钞券试试，看看机器转速是否均匀，下钞是否流畅、均匀，点钞是否准确，落钞是否整齐。若传送带上钞券排列不均匀，说明下钞速度不均，要检查原因或调节下钞斗底冲口而出的螺丝；若出现不整齐、票面歪斜现象，说明下钞斗与两边的捻钞轮相距不均匀，往往造成距离近的一边下钞慢，钞券一端向送钞台倾斜，传送带上钞券呈一斜面排列，反之下钞快。这样应将下钞斗两边的螺丝进行微调，直到调好为止。

三、点钞机的操作程序

1. 持票拆把

用右手从机器右侧拿起钞券，右手钞券横执，拇指与中指、无名指、小指分别捏住钞券两侧，拇指在里侧、其余三指在外侧，将钞券横捏成瓦形，中指在中间自然弯曲。然后用左手将腰条纸抽出，右手将钞券迅速移到下钞斗上面，同时用右手拇指和食指捏住钞券上侧，中指、无名指、小指松开，使钞券弹回原处并自然形成侧面小扇面，这样即可将钞券放入下钞斗。

2. 点钞机点钞

将钞券放入下钞斗，不要用力。钞券经下钞斗通过捻钞轮自然下滑到传送带，落到接钞台。下钞时，点钞员眼睛要注意传送带上的钞券面额，看钞券是否夹有其他票券、损伤券、假钞等，同时要观察数码显示情况。拆下的封条纸先放在桌子一边不要丢掉，以便查错用。

3. 记数

当下钞斗和传送带上的钞券下张完毕时，要查看数码显示是否为“100”。如反映的数字不为“100”，必须重新复点。在复点前应先将数码显示置“00”状态并保管好原把腰条纸。如经复点仍是原数，又无其他不正常因素时，则说明该把钞券张数有误，即应将钞券连同原腰条纸一起用新的腰条纸扎好，并在新的腰条纸上写上差错张数，另做处理。

一把点完，计数为百张，即可扎把。扎把时，左手拇指在钞券上面，手掌向上，将钞券从接钞台里拿出，把钞券墩齐后进行扎把。

4. 盖章

复点完全部钞券后，点钞员要逐把盖好名章。盖章时要做到先轻后重，整齐、清晰。

由于机器点钞速度快，需要两手动作协调，下钞、拿钞、扎把等动作要连贯，当右手将一把钞券放在下钞斗后，马上拆开第二把，准备下钞，当传送带最后一张钞券落到接钞台后，左手迅速将钞券拿出，同时右手将第二把钞券放入下钞斗，然后对第一把钞券进行扎把。扎把时仍应注意观察传送带上的钞券。当左手将第一把钞券放在机器左侧的同时，右手从机器右侧拿起第三把钞券做好下钞准备，顺势抹掉第三把钞券的腰条纸后，左手迅速从接钞台上取出第二把钞券进行扎把。

口诀：一把投入拆二把，眼睛跟着跑道走；看准计数防差错，左手取钞忌留张；券别把数要分清，右拿左放不混淆；各个环节衔接好，连续作业效率高。

5. 注意事项

（1）原把腰条纸要顺序更换，不得将前把与后把腰条纸混淆，以分清责任。

（2）钞券进入接钞台后，左手取钞必须取净，然后右手再放入另一把钞券，以防止串把现象。

（3）如发现钞券把内有其他券种或损伤券及假币时，应随时挑出并补上完整券后才能扎把。

6. 机器点钞技巧

机器点钞连续操作，归纳起来要做到以下“五个二”：

二看：看清跑道票面，看准计数。

二清：券别、把数分清，接钞台取清。

二防：防留张，防机器吃钞。

二复：发现钞券有裂缝和夹带纸片时要复，计数不准时要复。

二经常：经常检查机器底部，经常保养、维修点钞机。

四、点钞机的常见故障及其处理

虽说点钞机的维修需要一定的专业知识和技能，要由厂家专业的维修技术人员去完成。但有时，点钞机出现的一些小故障，对于非专业人员来说也是可以处理的。点钞机常见的故障有计数不准、荧光鉴伪不报警、开机后没有显示、开机后出现故障提示等。

1. 计数不准

计数不准除了电路毛病和钞券本身的问题外，光电管、小灯泡积灰，或电源、电压大幅度升降都会造成多计数或少计数。

防止的方法是：经常打扫光电管和小灯泡上的灰尘，荧光数码管突然计数不准，要立即停机，检查机器的线路或测试电压等；调节托钞盘后部的垂直螺丝，顺时针拧一周或两周；清理光电记数传感器上的积尘；清尘后不能恢复正常，则看阻力橡皮、捻钞轮是否严重磨损，换好阻力橡皮、捻钞轮后再进行调整；调节送钞台光电计数器传感器的对正位置。

2. 荧光鉴伪不报警

对于荧光鉴伪不报警的问题，可以先调节一下荧光鉴伪的灵敏度（具体方法一般在使用说明书上写得很清楚）。如果仍不能解决，可以试着更换紫外灯管。如果更换灯管和调整均无效的话，就需要请专业的维修人员，由他们去做进一步的处理。

3. 开机后无显示

对于开机以后无显示，这种故障多数和电源有关系。可以查看一下电源的插座是否有电，换一个插座试一下；如果还不行，可检查机器的插座是否插好，机器的保险丝是否已断。如果查不出原因，那就需要请专业的维修人员处理。

4. 接钞台留张

左手到接钞台取钞时，有时会漏拿一张，造成上下把不符。防止方法：取尽接钞台内的钞券，或采取不同的票面交叉进行清点。

5. 机器“吃钞”

引起机器吃钞的主要原因是：钞券较旧，很容易卷到输钞轴上或带进机器肚内；出钞歪斜，容易引起输钞紊乱、挤扎或飞张，也有可能被下钞轮带进机器肚内。防止方法：调整好面板和调节螺丝，使下钞流畅、整齐；输钞紊乱、挤扎时要重新清点一遍；要检查机器底部和前后输钞轴是否有钞券夹住。

6. 开机后出现故障提示代码

一般点钞机具有故障自检功能，开机后点钞机就自诊是否有故障。不同的点钞机，故障代码也不一样，请参考说明书。

7. 启停方式失灵

启停方式失灵一般检查送钞传感器是否积灰尘；送钞传感器和主电路板连接开路，接好即可；点钞机皮带是否折断。

现在许多点钞机具有故障自诊断功能，开机后机器自己就可以检测有没有故障。可是，这种检测本身也有发生故障的情况。这时需要检查机器里面有没有残留什么不属于机器的东西，如是否有纸币的碎角等东西挡住了机器的传感器，机器的可拆卸部分是否没有上好等。若排除这些情况后仍不能解决问题，则需要请专业的维修人员来维修。

除了以上提到的故障以外，点钞机还可能出现其他故障。但无论出现什么故障，首先应该确认是否是因为杂物掉入机器内所引起的，如果不是，较安全可靠的办法就是请厂家专业的维修人员来维修，以使机器故障尽早去除。

五、硬币的整点

1. 手工整点硬币

手工整点硬币一般常用在收款、收点硬币尾零款，以 100 枚为一卷，一次可清点 5 枚、12 枚、14 枚或 16 枚，最多的可一次清点 18 枚，主要依个人技术熟练程度而定。其操作方法如下：

（1）拆卷。右手持硬币卷的 1/3 部位，放在待清点完包装纸的中间，左手撕开硬币包装纸的一头，然后右手大拇指向下从左到右打开包装纸，把纸从卷上面压开后，左手食指平压硬币，右手抽出已压开的包装纸，这样即可准备清点。

（2）点数。按币值由大到小的顺序进行清点，用左手持币，右手拇指、食指分组清点。为保证准确，用右手中指从一组中间分开查看，如一次点 18 枚为一组，即从中间分开一边 9 枚；如一次点 10 枚为一组，则一边为 5 枚。记数方法为分组计数，一组为一次，如点 10 组即记 10 次，其他以此类推。

（3）包装。硬币清点完毕后，用双手的无名指分别顶住硬币的两头，用拇指、食指、中指捏住硬币的两端，将硬币取出放入已准备好的包装纸的 1/2 处，再用双手拇指把里半部的包装纸向外掀起掖在硬币底部，再用右手掌心用力向外推卷，然后用双手的中指、食指、拇指分别将两头包装纸压下均贴至硬币，这样使硬币两头压三折，包装完毕。

2. 工具整点硬币

工具整点硬币是指大批的硬币用整点工具进行整点。具体操作步骤如下：

（1）拆卷。拆卷有两种方法。

①震裂法拆卷，是用双手的拇指与食指、中指捏住硬币的两端向下震动，在震动的同时左手稍向里扭动，右手稍向外扭动。值得注意的是，用力要适度，使包装纸震裂，取出震裂的包装纸准备清点。

②刀划法拆卷，首先在硬币整点器的右端安装一个坚硬刃向上的刀片，拆卷时用双手的拇指、食指、中指捏住硬币的两端，从左端向右端从刀刃上划过，这样包装纸被刀刃划破一道口，硬币进入整点器盘内，然后将被划开的包装纸拿开，准备点数。

（2）点数。硬币放入整点器内进行清点时，用双手食指扶在整点器的两端，拇指推动弹簧轴，眼睛从左端到右端，看清每格内是否是5枚，如有氧化变形及伪币则随时挑出，并如数补充进去，然后准备包装。

（3）包装。工具整点硬币的包装方法与手工整点硬币法相同。

技能练习

1. 训练任务

（1）单手拆把开小扇面练习。

（2）流畅、迅速地进行机器点钞。

（3）点钞机卡钞故障排除。

2. 训练要求

（1）试用多种型号的点钞机，对比功能后熟练运用。

（2）机器点钞放钞所成的小扇面要能单手完成。

3. 训练考核参考标准

能流畅、快速地在规定时间内进行点钞机点钞，并能顺利处理小故障（主要是卡钞）为合格；在规定的时间内不能排除小故障，即为不合格。

任务三　捆钞技能

捆钞是点钞的一个有机组成部分。钞券整点完毕全部扎把盖章后，还需捆扎。捆扎时把钞券按一定的方向排列，每把按一定方法扎好后，再按双“十”字扎成一捆。捆钞有手工捆钞和机器捆钞两种。

一、钞票的整理

（1）应保持桌面干净整齐，不得乱放其他杂物，尤其是现金，避免出现混杂不清的情况。

（2）按硬币和纸币分类，再按不同的面值分类。硬币应当码齐，纸币应当平放铺开。

（3）清分票币时，损伤券要挑出来。断裂的纸币可用纸粘好，但不得用大头针、回形针或订书针随意夹钉。

（4）对于破损严重难以辨认的损伤票币应予以退回；不便退回的应作书面记录并由交款人确认，待送存银行时照有关规定办理。

（5）对于伪造、变造的票币必须当场向有关当事人声明，同时予以退回或作废处理。

（6）对于停止流通的票币应予以退回。

（7）挑净选好后，将票币整好码齐，准备清点。

二、手工捆钞

点钞完毕后需要对所点钞票进行扎把，通常是100张捆扎成一把，分为缠绕式和扭结式两种方法。

1. 缠绕式

临柜收款采用此种方法，需使用牛皮纸腰条，其具体操作方法介绍如下。

（1）将点过的钞票100张墩齐。

（2）左手从长的方向拦腰握着钞票，使之成为瓦状，瓦状的幅度影响扎钞的松紧，在捆扎中幅度不能变。缠绕式捆钞第一步、第二步如图3－16、图3－17所示。

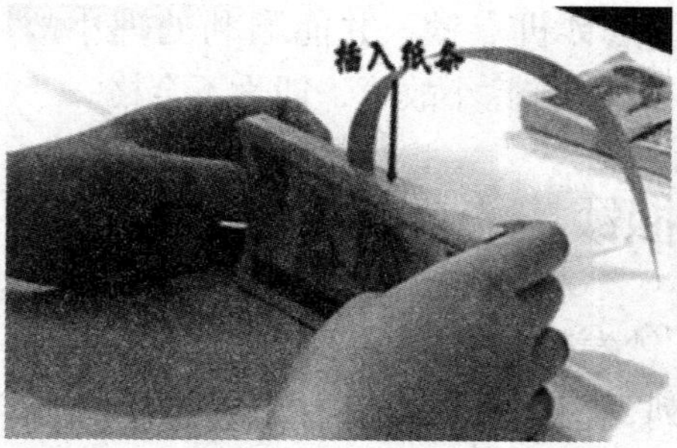

图3－16　缠绕式捆钞第一步

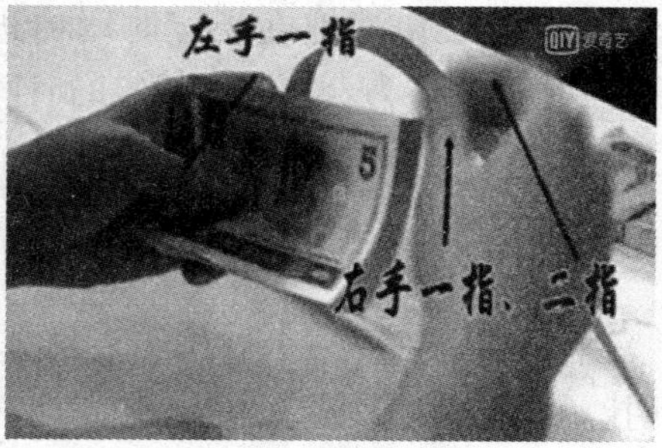

图3－17　缠绕式捆钞第二步

（3）右手握着腰条头将其从钞票的长的方向夹入钞票的中间（离一端1/3～1/4处）从凹面开始绕钞票两圈。缠绕式捆钞第三步、第四步如图3－18、图3－19所示。

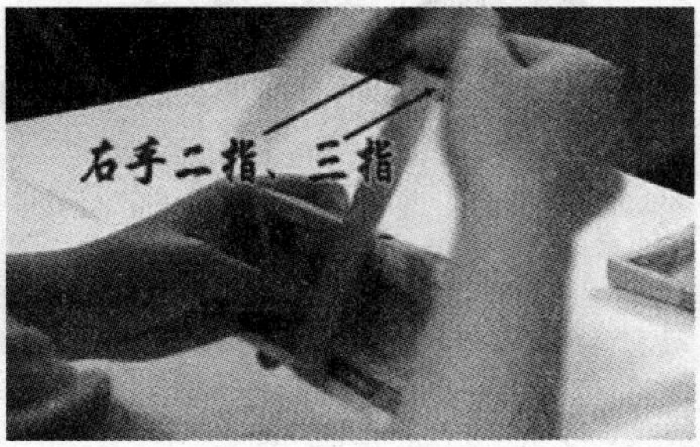

图3－18　缠绕式捆钞第三步

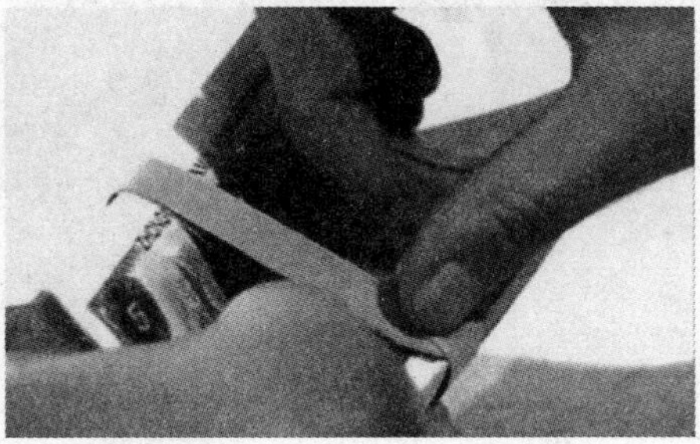

图3－19　缠绕式捆钞第四步

（4）在翻到钞票原度转角处将腰条向右折叠90度，将腰条头绕捆在钞票的腰条转两圈打结。缠绕式捆钞第五步如图3－20所示。

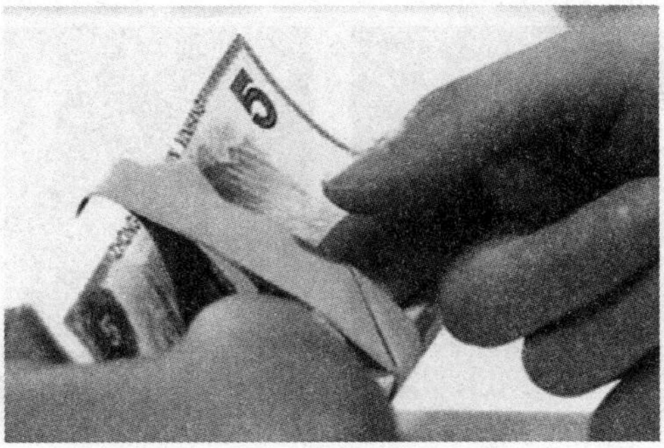

图3－20　缠绕式捆钞第五步

（5）整理钞票。

2. 拧结式

考核、比赛采用此种方法，需使用纬性较强的绵质腰条，其具体操作方法介绍如下。

（1）将点过的钞票100张墩齐。

（2）左手握钞，使之成为瓦状。

（3）右手将腰条从钞票凸面放置，将两腰条头绕到凹面，左手食指、拇指分别按住腰条与钞票厚度交界处。拧结式捆钞第一步如图 3－21、图 3－22 所示。

图 3－21　拧结式捆钞第一步

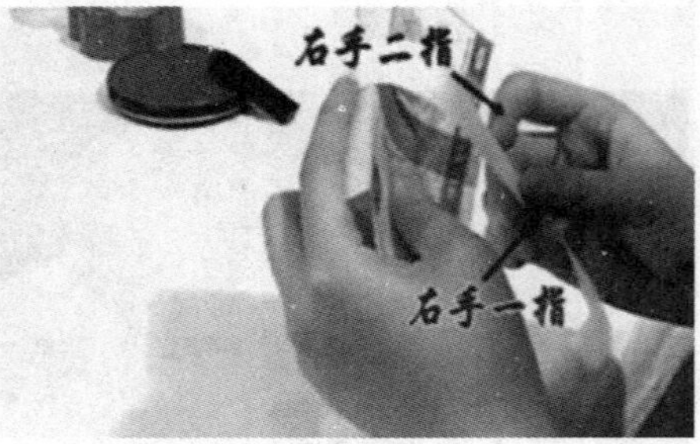

图 3－22　拧结式捆钞第二步

（4）右手拇指、食指夹住其中一端腰条头，中指、无名指夹住另一端腰条头，并合在一起，右手顺时针转 180°，左手逆时针转 180°，将拇指和食指夹住的那一头从腰条与钞票之间绕过、打结。拧结式捆钞第二步、第三步和第四步如图 3－23～图 3－25 所示。

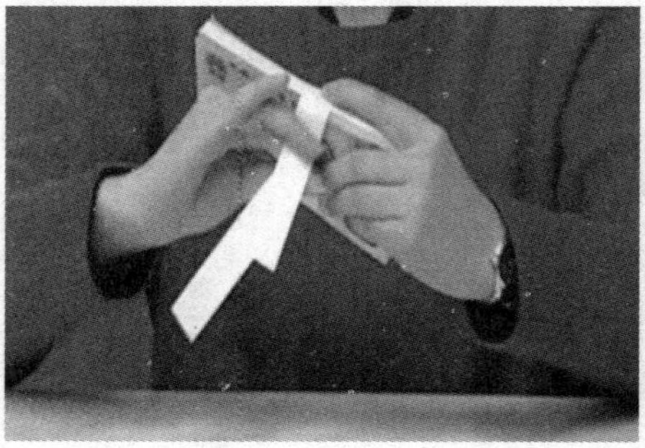

图 3－23　拧结式捆钞第三步

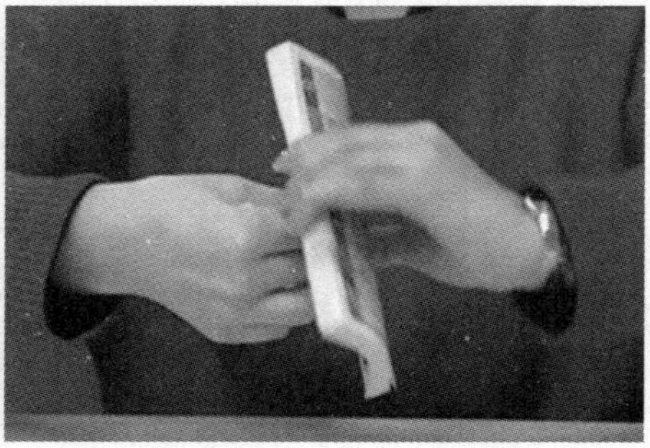

图 3－24　拧结式捆钞第四步

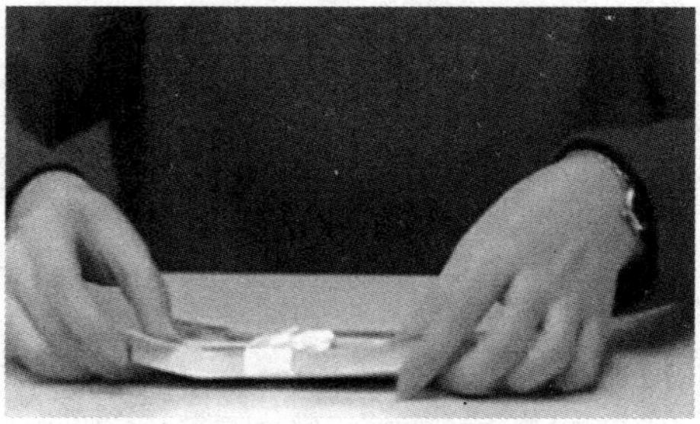

图 3－25　拧结式捆钞第五步

三、机器捆钞

（1）准备工作。使用捆钞机前，首先要仔细检查捆钞机各部位是否正常。手动捆钞机要检查手柄、齿轮上下运动是否自如，电动和液压捆钞机在捆钞前要打开开关各转一次，检查马达和液压装是否正常，液压管道有无漏油现象。检查完毕，调整机器螺丝，使之适合所捆券别的松紧程序，然后固定螺丝。

（2）放绳。将线绳拧成麻花扣，双十字放置在捆钞机底面平台的凹槽内。绳的两头留的长度要相等。

（3）放钞。用两手各取五把钞券并在一起墩齐。然后将十把钞券叠起，票面向上，放在捆钞机的平台上，再放垫纸。

（4）压钞。合上活动夹板，右手扳下压力扶手，反复操作，使钞券压到已调整好的松紧度。如为电动捆钞机则按下“紧”开关。

（5）系绳。两手分别捏住绳子的两头，从上端绳套穿过，然后双手各自拉紧，从两侧把绳子绕到钞券的正面，使绳子的两头合拢拧麻花扣。然后用左手按住叉点，右手捏住绳子的一头从钞券上面竖线穿过结上活扣，贴上封签，加盖名章和日期戳。

四、捆钞的有关规定

（1）捆钞时要坚持操作程序，必须每只手各取五把，以防钞券多把或少把，发生差错。

（2）整捆钞券在捆扎时要垫衬纸，用于粘贴封签。衬纸垫在钞券上与其一并捆扎，封签贴在捆扎绳外，要注意衬纸与封签都须切去一角，以便看清票面。

（3）不论是手工捆扎钞券还是机器捆扎钞券，都要以“捆紧”为标准，要通过拉紧捆钞绳，进行交叉固定，使钞券不易松开。

（4）捆扎绳必须完好，不能有结，以防被人解开。最后的活扣结只能打在衬纸表面，并用封签纸粘住。

（5）钞券捆扎完毕，要在封券上加盖日期戳以及点钞员、捆钞员名章，以明确职责，便于查找差错。

技能练习

1. 训练任务

（1）缠绕式 10 分钟计时捆钞练习，采取分组竞赛与集中训练相结合。

（2）拧结式10分钟计时捆钞练习，采取分组竞赛与集中训练相结合。

2. 训练要求

（1）缠绕式不插入纸条边缘要求左手食指的配合更多，顺时针绕圈。

（2）拧结式的右手打结、转圈较难，应反复练习。

3. 训练考核参考标准

每把钞券清点完毕后，要扎好腰条纸。腰条纸要求在10秒内捆扎完毕，每超1秒扣5分。扎在钞券的1/2处，左右偏差不得超过2厘米，同时要求扎紧，以提起任一张钞券不被抽出为合格，若一抽就散则为不合格。

项目四　数据与字符录入技能

技能目标

1. 掌握标准键盘的结构、操作与指法
2. 掌握小键盘数字输入的坐姿及指法
3. 了解常见计算器按键，并掌握计算器的正解操作方法
4. 掌握汉字拼音输入法与五笔输入法的基本方法和技巧

工作描述

1. 工作对象：字母、数字、标点符号、文字
2. 能力训练用品：标准键盘、小键盘、计算器
3. 工作场所：从事会计、审计、统计、金融、税务、营销、文秘等各种经济管理工作的场所

能力训练

能力训练任务、目标、相关知识及训练方式，如表4－1所示。

表4－1　能力训练任务、目标、相关知识及训练方式

任务	目标	相关知识	训练方式
标准键盘输入	①熟知26个英文字母的位置并使用正确的指法 ②熟知各功能键及组合键的使用	①标准键盘指法要求 ②坐姿要求	用“金山打字”进行英文字母输入训练
小键盘输入	①熟知小键盘的数字分布 ②熟知小键盘输入的正确坐姿与指法	①坐姿要求 ②小键盘指法要求	用小键盘进行数字输入训练
汉字输入	①掌握拼音输入法 ②掌握五笔输入法	①拼音输入规则 ②五笔字根、拆字规则、简码字、词组	用“金山打字”进行拼音输入及五笔字根、字、词的输入训练

续表

任务	目标	相关知识	训练方式
计算器输入	①能用正确的指法敲击计算器 ②能快速进行数字算术	①常用计算器的按键功能 ②计算器输入指法（参照小键盘）	用计算器熟练地进行数字输入及运用相关的计算功能

任务一　认识数据录入

一、数据录入概述

数据是无实体的抽象存在，任何人都离不开数据，小到工厂管理，大到科学研究，无不需要数据给人们指明前进的方向。数字既可以用来表达、交流和传递信息，也可以用来表示测量结果，还可以用来表示一组事物的顺序。当今的管理者对数据的依赖也越来越大，因此对数据的处理速度要求也更高，作为未来的财经工作者，财经专业的学生更应该很好地掌握数据录入技术。

数据录入是指进行相关内容数据的采集和输入工作，并根据需要进行数据整理与计算。

数据录入按录入文挡的形式可以分为：调查问卷录入，数字录入，挡案录入和 Word 文挡、Excel 数据表、WPS 文挡录入，纯英文录入，纯数字录入，中英文混合数据录入，以及网页 HTML 文件格式、PDF 格式文件的录入等。

数据录入按录入数据的内容分为：基本运算、账表计算、传票计算、币值计算等。

数据录入的工具主要有计算器、计算机、算盘、翰林提等。

二、数据录入常用工具

计算器是现代人可以进行数字运算的电子机器，现代的电子计算器既可以用于商业交易中，也是各行各业必备的办公用品之一。

（一）计算器分类

计算器的分类有多种标准，如：按造型可分为掌上型、折叠型、桌上型、礼品型、语音型；按功能可分为普通计算型、科学型、金融型、图形计算器；按表现形式可分为实物计算器和软件形式的计算器。软件形式的计算器可分为三类，即常见计算器、专用计算器、综合功能计算器，如图 4－1～图 4－3 所示。

图 4－1　普通计算器

图 4－2　科学计算器

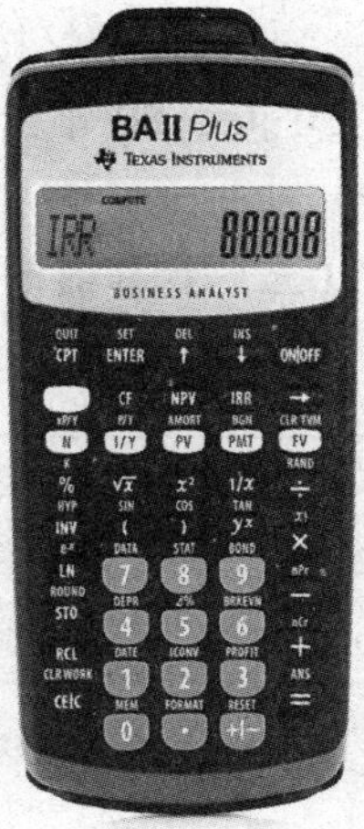

图 4－3　金融计算器

常见计算器主要有以下四类：

（1）算术型计算器，又称简单计算器，可进行加、减、乘、除等简单的四则运算，一般都是实物计算器。

（2）科学型计算器，又称函数计算器，可进行乘方、开方、指数、对数、三角函数、统计等方面的运算，可以是软件形式，也可以是实物形式。

（3）程序计算器是专门为程序员设计的，可以编制程序，具有存储功能。

（4）统计计算器是为有统计要求的人员设计的计算器，可以是软件的，也可以是实物。

使用比较普遍的是常见计算器中的算术型计算器。

（二）计算器的部件

计算器的复杂度随着使用目的而有所不同。最简单的计算器模块应该包含下列部件：

（1）电源，例如电池或太阳能板（solar panel）。

（2）显示幕，通常以 LED 光源或 LCD 制成，可显示一定数量的数字（通常八到十位）。

（3）电子回路。

（4）按键面板。应包含10个数字键；小数点；等于符号，用于显示运算解；4个运算函数（加、减、乘、除）；取消键，用于清空目前显示的数字；电源开关；其他基本函数，例如求平方根或百分比键；更高级的模块也许会有一个单数值记忆按键（M+，M-），可在需要时叫回。

20世纪80年代早期，基本计算器开始置入其他小型设备，例如手机、腕表等。

（三）计算器的按键功能（表4-2）

表4-2　　计算器的按键功能

按键	键位名称	功　能
ON/C	电源开启键	按下此键可删除记忆外的所有数据
OFF	电源关闭键	桌上型计算器一般都具有电源自动关闭功能
0~9	数字键	计算时用来输入数字，输入顺序是从高位到低位，每按一次键输入一位数字
C、AC	总清除键	将计算器记忆的数字全部清除
00\000	快速增零键	例：180，000，000，000
CE	删除错误输入的数字	每按一次，清除前次输入错误的数字
→	退位键	每按一次，清除一个输错数字
↑/↓	四舍五入键	↑全入，↓全舍
F4320A	保留小数键	F全部；A录入时不按小数点，结果自动记为2位小数
%	百分比运算键	计算百分数时使用。例：69按下%键得0.69
M+	记忆加分键	存储器加法键（加法运算结果累计并存储）
M-	记忆减法键	存储器减法键（减法运算结果累计并存储）
MR	可调出记忆的总值	读取存储器中的数据，未按MC以前有效
MC	数字键	清除存储器中的内容，但保留显示屏上的数据
MU	损益运算键	成本利润率计算键
GT	总和	多次连续运算后的总结果累加（注意多次运算之间不可按AC键）
+/-	正负符号键	输入数字或运算结果的正、负转换
E	错误提示	有时计算器显示屏上会显示出“E”字母，表示存在超过位数或出现其他输入错误，这时需要按“AC”或“ON/C”键方可恢复正常

三、数据录入的基本要领

1. 计算器的放置

使用计算器时，放置要平衡，以免按键时晃动和滑动。计算资料要紧挨计算器，便于计算。

2. 操作人员的姿势

（1）身体要保持平直，肩膀放松，腰背不要弯曲。

（2）右手小臂与手腕略向上倾斜，手腕平直，两肘微垂，轻贴于腋下。

（3）显示区域位于视线以下10°~20°，身体与键盘的距离因人而异。

（4）手掌以手腕为轴略向上抬起，手指略弯曲，自然下垂，形成勺状。

（5）右手腕要悬空，敲击键盘要有节奏。击完键后手指要立即回到初始位置。

（6）击键的力度要适中，各手指分工要明确，各司其职。击键时主要靠手指和手腕的灵活运动，不要靠整个手臂的运动来找键位。

3. 按键的技巧

按键时用力要轻重适度，动作幅度不宜太大，手指尽量贴在键面上；也不要久按一个键不放，不能用手指或钢笔敲击键盘，以防止计算器按键的损坏和数据的丢失。当基本指法练熟后，逐步从左看数据、右看键盘（即“左顾右看”）变为尽量只看数据、少看或不看键盘，实现“盲打”。

4. 灵活使用清除键

因为它在修改时起很大作用，避免重新输入，从而节省时间。每次运算前，要清除计算器里的数据，按一下清除键“ON/C”。有的计算器把这个键记作“AC”或“C”。在计算过程中，如发现刚输入的一个数字有误，可按右移键“→”清除；如发现刚输入的数据有误，在没有按运算符以前，可按局部清除键“CE”（英文Clear Entry开头字母，表示清除刚输入的数据），这时显示屏上的显示为“0”，而先前输入的数据和运算仍保持有效，然后再输入正确数据。

5. 操作定型，用品定位

应根据不同的计算工具，将计算工具、运算资料摆放在相应的位置，以舒适、方便，有利于准确、快速运算为宜。

6. 录入准确

数据录入最好一次正确录入，尽量不要反复利用回退键修改错误。

7. 动作连贯

眼、脑、手三者配合、做到“两看两不看”，即录入时“看数不看盘”，书写时“看屏不看笔”。

四、数据录入的基本指法与训练

正确的坐姿、标准的指法是提高计算器数据录入最根本的基础，所以初学者在训练中必须严格要求，以养成良好的习惯。

（一）计算器的基本指法（表4－3）

表4－3　　计算器的基本指法

键位	指法	
4、5、6	基本键位	分别由右手的食指、中指和无名指负责
1、4、7、0	食指	例：147、174、417、471、741、714
2、5、8、00	中指	核心键位：一般计算器键盘的“5”上会有区别于其他键位的标志，或有一个凸起的圆点，或较其他键位略高，盲打时应以此键位为核心向其他键位延伸，例：258、285、582、528、825、85
3、6、9	无名指	例：369、396、639、693、936、963
+、－、×、÷、=	小指	例：64＋28－8×9＋4＝
On、Off	拇指	
说明：“0、→”等键位，因计算器型号不同，键盘位置不同，指法会有所不同		

图4－4　计算机小键盘结构及指法分布图

（二）计算机小键盘的结构及基本指法

随着计算机技术的飞速发展，要培养新世纪的中高级技术专业人才，计算机知识与应用能力如今已变得尤为重要。在实际工作中，银行职员、财务工作者、收银员不仅要熟练地掌握计算器录入技能，还应熟练地掌握计算机小键盘的数字录入技术。

小键盘区位于键盘的最右侧，主要是为大量的数据输入提供方便，小键盘结构如图4－4所示。

小键盘只能用右手操作，手指在键盘上

的位置非常重要。为了便于有效地使用小键盘，通常规定右手的食指、中指、无名指和小指依次位于第三排的4、5、6、Enter 基准键上。其中，5 键上有一个小突起，是用来定位的。当准备操作小键盘时，手指应轻轻地放在相应的基准键上，按完其他键位后，应立即回到相应的基准键上。

另外，要提高数字的输入速度，各手指负责的按键有严格的分工。Num-Lock、7、4、1 这 4 个键由右手食指负责；/、8、5、2 这 4 个键由右手中指负责；*、9、6、3、. 这 5 个键由右手无名指负责；-、+、Enter 这 3 个键由右手小拇指负责；0 键由右手大拇指负责，如图 4-4 所示。

（三）基本指法的练习方法

（1）准备：举起右手，用手摸到中心键位“5”。

（2）要求：以下每一项做 3 遍，完全正确后再进行下一组练习。

（3）盲打技巧：紧紧固绕4、5、6 这 3 个键位展开盲打练习，逐渐向 1、2、3、7、8、9、0 键延伸，开始就要养成不看键盘的习惯；不要急于进行运算练习。可以循序渐进地掌握计算器的基本指法，进而为计算器盲打创造条件。

渐渐掌握不同键的位置，直到可以不用眼睛看就能准确无误地找准键位。尽快熟悉键盘，最终做到盲打要靠做各种练习和刻苦训练来完成。“盲打”是指法训练的最高境界。

（四）键盘盲打基本练习

以下每一项连做 3 次，完全正确后再进行下一组，尽量做到盲打，记录对错，遇到录入错误时，练习“→”（回退键）。

（1）456。例：456、465、546、564、654、645

（2）456、ON/OFF、+、→。例：465+546+564+654+645+456=

（3）123。例：123、132、231、213、321、312

（4）123456、+。例：163+231+516+432+543+462+153+261=

（5）789。例：789、798、897、879、978、987

（6）123456789、+。例：168+247+354+681+827+493=

（7）0~9。例：1.234567，890、1，357，924.680、2，497，.861.035

（8）0~9 及 00、+。例：37，000+940-1，006+500+8，400-20，900=

（五）软件练习

下载“小键盘数字键练习”软件，这款软件可帮助学生逐步熟悉数字键位，做到只看电脑屏幕，不低头找键。在熟悉了数字键位后，以数字施以刺激，让学生逐步做到忘记键位，眼中只有数字，如图 4－5 所示。

图 4－5　小键盘数字键练习软件

技能练习

1. 训练任务

（1）数字键位练习。

（2）速度测试。

2. 训练要求

（1）精力集中，在操作过程中眼睛不看键盘，强调手、眼、脑的协调配合，做到眼到手就到。

（2）掌握好节奏，不要时快时慢甚至停顿，要动作连贯，一气呵成。

3. 任务考核参考标准

任务考核参考标准如表 4－4 所示。

表 4－4　　考核参考标准

考核内容	100 个/分钟
合格标准（60 分）	及格

在此基础上，每分钟快 1 个加 1 分，最高加至 100 分，如每分钟 130 个，则得分 90 分。

任务二　数据综合录入——传票算

除账表算外，传票算在日常经济核算工作中也是应用较多、要求较高的一项计算工作。

一、传票算的定义

传票，是指记录有文字和数字的单据、凭证，如发票、收据、记账传票、出/入库单、领/发料单等。求许多张相同内容的传票的合计数，就是传票算。传票算也称为凭证汇总算、传票翻打，是指在经济核算过程中，对各种单据、发票或凭证进行汇总计算的一种方法，一般采用加减运算。

打传票是财务工作的基本功之一，是运用计算器加法练习的一种好方法。它是加减运算在实际工作中的具体应用，它可以为会计核算、财会分析、统计报表提供及时、准确、可靠的基础数字，是财务工作者必备的一项基本功，并被列入全国高等职业院校会计技能和银行手工业务技能比赛的正式项目。随着计算机的广泛使用，传票算日益成为各工商企业（收银员）、金融业（储蓄员）处理日常业务的基本方式，小键盘数字录入的快速与准确，也成为评判从业者业务素质高低的标准之一。

二、传票算分类与样式

实际业务中的发票存根、收据存根等装订成册的票据、会计的记账凭证、销售日报、成本计算单等为活页式传票，其计算内容有单一项目和两项以上的项目计算，每次需计算的页数不等，蓝字相加，红字相减。教学中学生训练用的模拟传票会比实际中的规整。传票算的分类如图 4 - 6 所示。

（一）按是否装订分

1. 订本式

一般在左上角胶粘。订本式传票本，一般每本为 100 页，每页的右上角印有阿拉伯数字表示页码，每页传票上有 5 笔（行）数字，每行数字前自上而下依次印有（一）、（二）、（三）、（四）、（五）的标志，“（一）”表示第一行数，“（二）”表示第二行数，以下同理。每行最高位数有 7 位数字，最低位数有 4 位数字。订本式传票算如图 4 - 7 所示。

2. 活页式

按 1 ~ 100 页的顺序排列，计算时活页打好扇面后用夹子夹住左上角。活

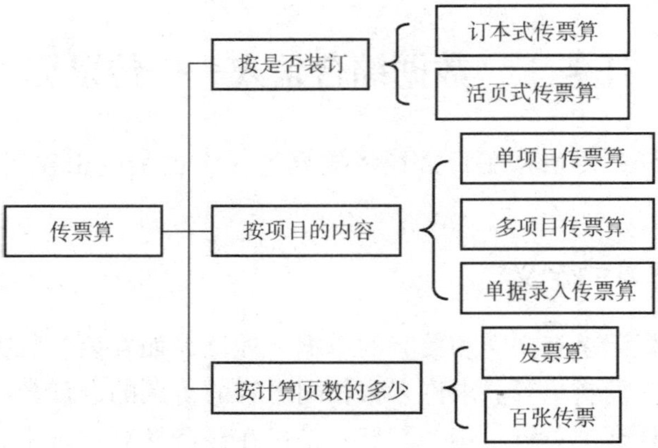

图4－6　传票算的分类

页式传票算如图4－8所示。

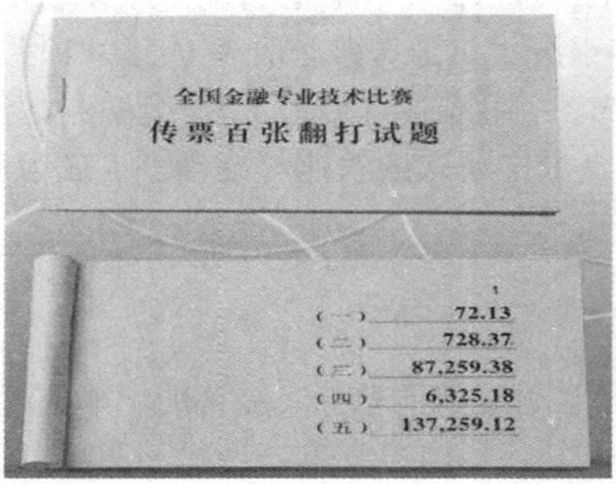

图4－7　订本式传票算

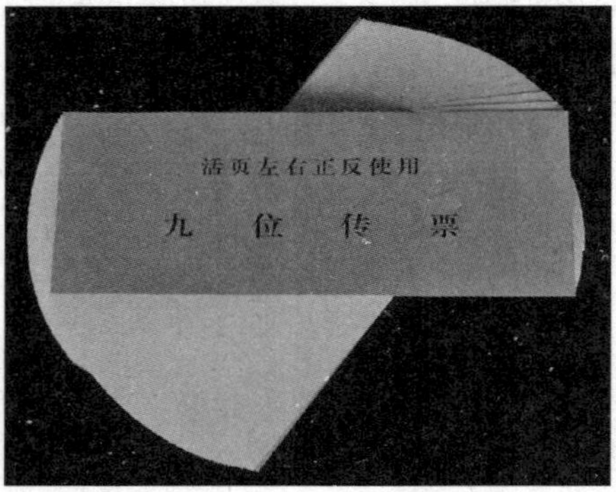

图4－8　活页式传票算

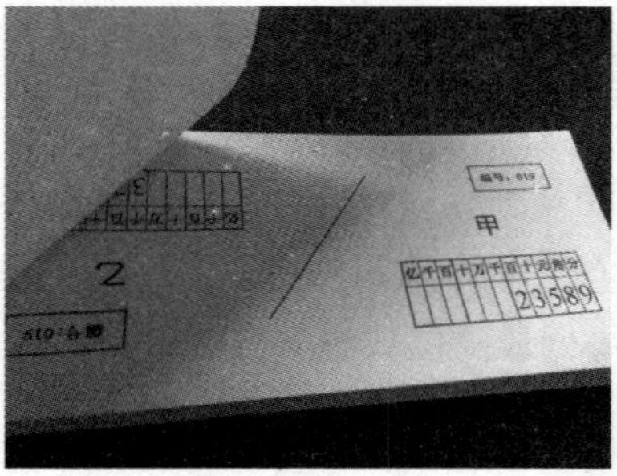

图4－9　单项目传票算本样式

（二）按计算的项目分

1. 单项目传票

指每张传票上只有一个计算数字，求若干张相同内容的合计数为单项目计算，如：商业工作中的每日销售合计，就是由该日销货发票加总求得。单项目传票算本样式如图4－9所示。

2. 多项目传票

一页有多个数字，比赛用传票算每页

5 行，每行数字前依次标有（一）~（五）序，如图 4 -7 所示。

3. 单据录入传票

一页有多项内容，既有文字，也有数字、字母、符号、金融单位等。

（三）根据《中国珠算协会珠算式心算鉴定标准》可将传票按页数多少分

1. 发票算

全部为连加法，没有减数。每本 200 张，正、反两面印，共 400 页码（页号印在中间），每页印一行字码，全是金额单位。比赛时每 30 页为一道题，命题时任意选定起止页数。例如，第一题从 42 页至 71 页止，第二题从 59 页至 88 页止等。

2. 百张传票算

银行系统业务竞赛常用的一种比赛形式，采取百页数字一次计算，在答数正确的基础上，以速度决定名次。全国比赛传票算本样式如图 4 -7 所示。

日常练习中，传票本是练习传票算的依据。

三、传票算的题型

根据传票算的运算特点，计算时除用计算器或小键盘外，另需一张传票算试题答案纸。传票算每连续 20 页的 20 个数据累加为一题，分为规则题型和无规则题型两种，运算数码为 110 个，0 ~9 十个数字均衡出现。

如表 4 -5 中，“题号 1”即第一题。“起止页数”中的“起”表示从哪页开始计算，“止”表示运算到哪一页为止。“行数”表示把每页的第几行数字累加。

表 4 -5　　20 页规则题型

题号	起止页数	行次	答案
1	1 ~20	（一）	
2	21 ~40	（一）	
3	41 ~60	（一）	
4	61 ~80	（一）	
5	81 ~100	（一）	

20 页无规则组合题型如表 4 -6 所示。无规则题型做题要求：第一题要求从第 1 页起，运算到 20 页截止；“（五）”表示把第 1 页 ~ 第 20 页的第五行数

字累加起来，然后将结果填写在答案中。

表 4-6　　20 页无规则组合题型

题号	起止页数	行次	答案
1	1~20	(五)	
2	8~27	(三)	
3	28~47	(四)	
4	45~64	(二)	
5	81~100	(一)	

四、传票算的运算步骤与方法

要想打好传票算，首先要摆正思想，认清传票算在行业中的重要位置，它不是简单的加减法运算，还要配合翻页、找页、加总等，因此，要打好传票算，必须掌握好基本功，如整理传票、找页、翻页和累加等几方面。

（一）检查与整理传票本

传票本在使用前一定要进行检查，要逐页翻看，防止重页、错页和漏页。如有重页，直接撕下来即可；如有错页、漏页，就要更换并重新检查。同时还要检查是否存在印刷问题，如小数点后位数是否统一为两位数。

传票运算时，为了提高运算速度，加快翻页的动作，还需将传票本捻成扇面形状，如图 4-10 所示。整理传票本的步骤如下。

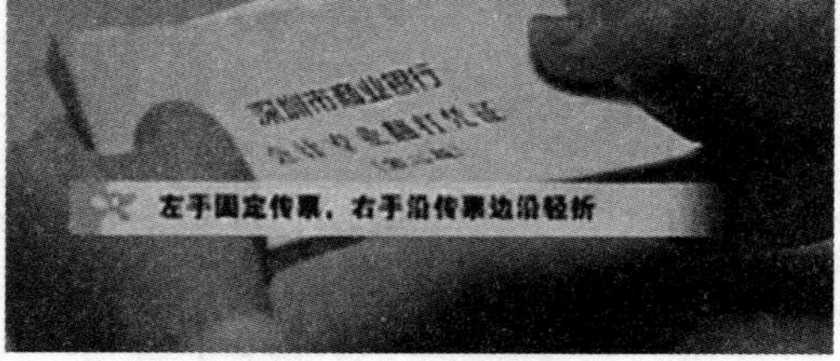

图 4-10　整理传票

1. 墩齐

双手拿起传票侧立于桌面墩齐。

2. 开扇

左手固定传票左上角，右手沿传票边沿轻折，打开成扇形，扇形角度为 2～2.5cm。

票面捻扇形的方法：两手拇指放在传票封面上，两手的其余四指放在背面上，左手捏住传票的左上角，右手拇指放在传票封面的右下方。然后，右手拇指向顺时针方向捻动，左手配合右手向反方向用力，轻轻捻动即成扇形。扇形幅度不宜过大，只要把传票封面向下突出，背面向上突出，便于翻页即可，如图 4－11 所示。

3. 固定

最后用夹子将传票的左上角夹住，使扇形固定。再用一个较小的票夹夹在传票最后一页的右下角，将传票架起，便于最后部分页次顺利翻起，防止错乱，如图 4－12 所示。

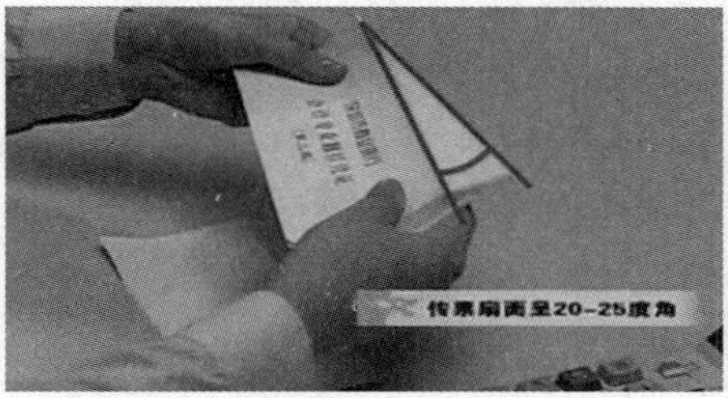

图 4－11　左右打扇形的开扇

图 4－12　传票固定位置

（二）摆放传票本

翻打传票时，应根据不同的计算工具将传票本摆放在恰当的位置，以看数和计数方便为宜。

使用计算器计算时，传票本应放在计算器的左上方，采用这种位置摆放，使翻传票、打计算器互不干扰，且又便于看数；使用小键盘计算时，传票本应放在下边，答题纸放在中间，传票本压住答题纸，以不影响看题、写数为宜。

（三）快速翻动传票页

翻页是打传票快慢的关键，翻页速度的快慢直接影响运算速度和准确率，因此，要学好传票算，就要熟练地掌握翻页技巧。

1. 翻页的方法

翻页动作是用左手完成的。左手小指，无名指和中指放在传票本左下方，食指、拇指放在每题的起始页，拇指的指肚处轻轻靠住传票本应翻起的页码，翻上来后食指配合拇指把翻过的页码夹在中指与食指的指缝中间以便拇指继续翻页，拇指翻一页，食指立即挡住一页，这样反复地翻、接、夹，直至翻打完毕，如图 4－13 和图 4－14 所示。

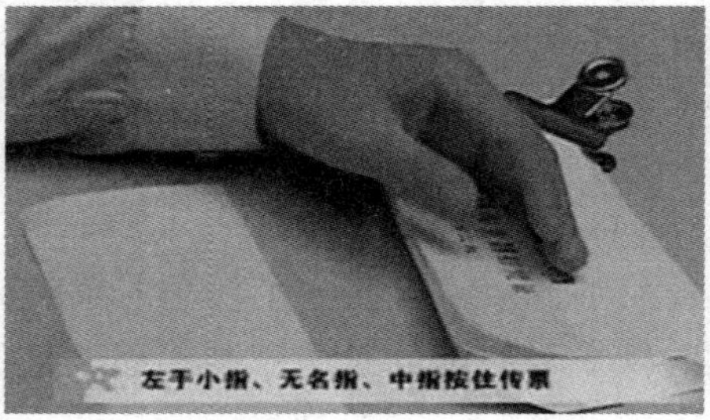

图 4－13　翻传票动作（1）

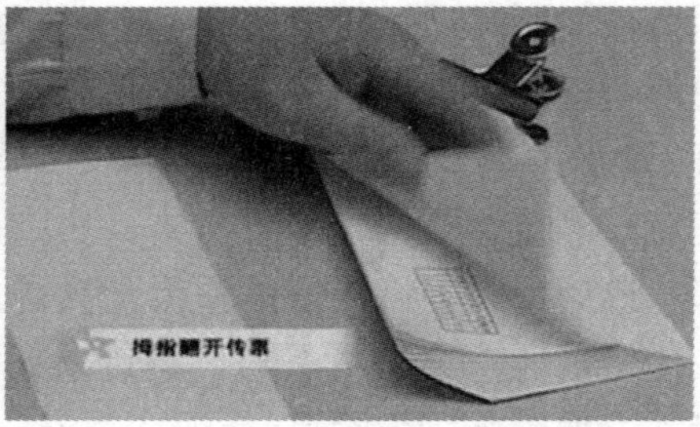

图 4－14　翻传票动作（2）

2. 翻页要求

翻页要快速、准确，一次翻到目标页。翻页时注意票页不宜翻得过高，角度越小越好，以能看清数据为准。

3. 翻页技巧

“按”：左手小指、无名指和中指按住传票的左下端。

“翻”：左手拇指逐页翻起传票，并交给食指夹住。做到放、翻一步完成。

拇指应同传票接近平行，用拇指最突出的部位去翻传票，这样可减少一次翻多页的现象。中指、无名指、小指如何放也可根据方便而定，可三指平放在传票上，也可小指略勾起，其他两指平放；或小指、无名指略勾起，中指平放；但要注意，中指一定要平放，不能勾起。

4. 运算时准确、快速找页

全国比赛传票算不是按照自然页数连续运算的，而是采用起始页无规律、相互交叉的题目，如第一题从传票第 8 页到 27 页，第二题则从 66 页到 85 页，第三题可能又从 36 页到 54 页……，这就需要在运算过程中来回找页（顺找页、倒找页），在运算中找页的准确、快速，将会直接影响运算的准确性，因此，找页是传票算的基本功之一。

在 100 页中，要快速找到起始页，平时必须掌握找页的基本功。为了加快计算速度，在右手抄写答数或用小键盘输入数据的同时，要用眼睛余光看下一题的起始页，最多翻三次就能准确找到目标页数。

对找页，平时要多进行练习。首先应练习手感，可以先掌握 100 页、50 页的厚度，再逐步掌握 20 页、40 页、80 页的厚度，最后再掌握 10 页的厚度。练习一段时间后，基本能够摸准多少页有多厚了，在此基础上再练习翻各题目的起始页。

快速找页时要做到：翻动传票最好一次就找到，如不能做到一次翻到，可用左手略做调整，最多三次就能找到目标页数。时间最好控制在 1 秒以内，最多不能超过 2 秒。例如，第二题从 66 页到 87 页。找第 66 页，第一次就要凭手感翻到第 66 页前后，再向前或向后稍做调整。找页必须经过刻苦训练，方法得当，才能达到既准又快，还不能影响右手的录入速度。

5. 运算时记页

传票算每题由 20 页组成，初学者如未经训练，经常会出现打过页或者没有打够页数的现象，而影响计算的速度与准确。因此，在运算中必须默记打了多少笔数，打第 1 页心中默记 1，打第 2 页默记 2……默记到 20 时，快速核对该题的起止页，立即书写答数。

6. 看数和记数的要求

记数时按三位一节的特点去看、去记，对较短的数据，一次看完，一次记准，对较长的数可分两次看完，看记数时，只默记数码，不必记住数位，以免影响速度，最终达到随翻、随看、随拨数。

7. 翻打配合

翻打传票一般采用一次一页打法，即翻动一页传票后，将这一页的某行数字录入计算器，然后再翻打下一页，再录入计算器，以此类推直到运算结束。

要提高传票运算速度，就应做好翻打配合，必须做到以下两个协调。

（1）左右手协调：左手翻传票时，右手直接将传票上的数字敲入计算器。

（2）眼脑手协调：左手刚翻到第 1 页，眼睛就迅速看准应录入的数字，大脑同步记住该数字，右手连续不断地将此行数字敲入计算器。同时，确保右手未打完当页数字时，左手已经翻到下一页，边看下一页边打数，尽量在计算过程中没有停顿，保持动作连贯、流畅。

要掌握上述基本功，关键在于眼、脑、手的配合，也就是找页、翻页、看数、记数、拨数、写数、清盘等紧密结合。初学者会出现打打停停、停停打打的现象，这主要是由于基本功没有练好。

五、传票算翻打训练

（一）盲翻训练

盲翻是指整理好票面后，左手压住传票，不看票面数字，连续不断地快速翻动传票。可以采用正翻法，即将传票从前往后翻；也可以采用倒翻法，即将传票从后往前翻，直至翻到最后一页为止，时间控制在1分钟以内。训练方法如下：

（1）两人一组对练：看谁翻得快。

（2）集中训练：限定一定时间，看谁翻得页数多，如计时2分钟，集体翻页。

（二）有规则找页训练

教师说出间隔多少的规则并开始计时，全体学生从第一页找页。训练方法如下：

（1）集中训练。教师说间隔“5”并开始计时，学生从第一页开始，每5页一翻，要求一次性找到目标页。

（2）两人一组对练。一位同学报页数，另一位同学找页。如甲同学报“19”，乙同学快速找到“19页”。

（三）有序找页练习

如7、16、23、35、42、55、68、74、80页数依次递增，或反过来页数依次递减。

（1）集中训练。由教师报8个页码，学生快速翻找。

（2）两人一组对练。一人报数、计时，一人翻找。要求：报8个数，每段均有一个数，16秒内完成。

（四）无序找页练习

如7、55、79、23、66、18、42、30。

（1）集中训练。由教师报起始页码，学生快速翻找。

（2）两人一组对练。一人报数、计时，一人翻找。要求：报8个数，每段均有一个数，16秒内完成。

（五）翻读训练

用百张传票做翻读练习，每一页看记一笔数字，再翻到下一页看记同一行数字，在规定时间内看谁翻看得快。训练方法如下：

（1）限量不限时翻页训练：百张传票为一个单元，事先设定好读哪一行的数字，然后翻一页读一笔数字，记录翻完100页的用时，注意动作的衔接使时间缩到最短。

（2）限时不限量翻页训练：在规定时间内，事先设定好读哪一行的数字，然后用百张传票翻一页读一笔数字，再翻到下一页读同一行数字，看谁翻读得更快。

（六）综合训练

1. 账表式传票算训练

初学者可以利用账表算比赛题型，将20行5列的100个数字连续相加，把账表当作不翻页的百张传票算，此法可以帮助学生快速提高正确率。

账表式传票算训练方法如下。

方法一：限量不限时，100个数加完，记录完成的时间。

方法二：限时不限量，计时3~5分钟，能够完成多少个数的加总。

2. 翻打训练

翻打训练主要是练习翻页和数字录入的协调配合，以提高运算速度。具体训练如下：

方法一：按照比赛要求20页为一道题，训练翻打传票。先易后难，先做规则题型，再做不规则题型，逐步提高运算速度。

方法二：将100页传票的某行数字加总，即训练单项目传票算，如表4-7所示。

练习时，可以先计算1~50页，再计算51~100页，分别按这种顺序计算每行数字。练习一段时间后，再练习一次从第1页打到100页。

表4-7　　传票算单项目记录单

行数	答案	对错记录	完成时间
（一）			
（二）			
（三）			
（四）			
（五）			

方法三：20页为一单元，将每页的5行数字加总，即训练多项目传票算，如表4-8所示。

表 4-8　　传票算多项目记录单

序号	起止页数	行次	答数
1	1～20	1～5 行	
2	21～40		
3	41～60		
4	61～80		
5	81～100		

六、传票算比赛方式

这里以 2017 年全国职业院校银行综合业务技能大赛比赛项目——传票算为例进行阐述。

（1）比赛设备：电脑（包括主机和键盘）。

（2）传票码本：活页式百张对角传票 AB/CD/EF 版。

（3）比赛模式：传票算模式。

（4）每组题数：2017 年全国各省赛是 20 题组，国赛变更为 30 题组。

（5）比赛时间：10 分钟。

（6）评分标准：根据不同类型的对角传票，每次随机抽取一组连续 20 页的传票进行相同行数据汇总，得出 5 个对应行的汇总结果，共抽取 4 组。最后的 20 个汇总结果，按正确答案数记分；根据计算机事先设置的采分点，选手每提交一个正确数字可得 5 分，提交不正确的不得分。

技能练习

1. 训练任务

（1）传票找页。快速、准确地找到每题的起始页，提高传票翻打的准度和速度。

①熟悉传票，首先进行找页练习。找页关键是练手感，能准确把握纸页的厚度，如 10 页、20 页、30 页、50 页等的厚度。

②用左手迅速、准确地找到起始页数。

（2）传票翻页。

①将传票打开成扇形。

②练习左手从 1～100 页的翻页基本动作。

③传票翻页计时，看看从 1 ~ 100 页谁的翻页时间最少。

（3）传票翻页计算。左手刚翻起一页，即把应计算的数字看在眼里，右手将数字录入电脑，不等右手入盘计算完毕，左手又翻起一页，这样循环反复地进行翻页运算。

①将传票打开成扇形。

②左手翻页。

③右手将数字录入电脑。

④计算 1 ~ 100 页第一行的答案。

（4）传票翻打计时。计时 5 分钟，计算表 4 – 9 ~ 4 – 11 各题。

表 4 – 9　　　　传票算 20 页规则题型（计时 10 分钟）

序号	起止页数	行次	答案	行次	答案
1	1 ~ 20	（二）		（三）	
2	21 ~ 40	（二）		（三）	
3	41 ~ 60	（二）		（三）	
4	61 ~ 80	（二）		（三）	
5	81 ~ 100	（二）		（三）	

表 4 – 10　　　　传票算 20 页无规则组合题型（计时 10 分钟）

题号	起止页数	行次	答案
1	11 ~ 30	（五）	
2	28 ~ 47	（三）	
3	9 ~ 28	（四）	
4	45 ~ 64	（二）	
5	81 ~ 100	（一）	
6	11 ~ 30	（五）	
7	31 ~ 50	（二）	
8	55 ~ 74	（一）	
9	45 ~ 64	（三）	
10	75 ~ 94	（四）	

表4-11　　传票算多项目题型（计时10分钟）

序号	起止页数	行次	答数
1	对角传票 E9～E28	（一）	
2	对角传票 E9～E28	（二）	
3	对角传票 E9～E28	（三）	
4	对角传票 E9～E28	（四）	
5	对角传票 E9～E28	（五）	
6	对角传票 E36～E45	（一）	
7	对角传票 E36～E45	（二）	
8	对角传票 E36～E45	（三）	
9	对角传票 E36～E45	（四）	
10	对角传票 E36～E45	（五）	
11	对角传票 F41～F60	（一）	
12	对角传票 F41～F60	（二）	
13	对角传票 F41～F60	（三）	
14	对角传票 F41～F60	（四）	
15	对角传票 F41～F60	（五）	
16	对角传票 F62～F81	（一）	
17	对角传票 F62～F81	（二）	
18	对角传票 F62～F81	（三）	
19	对角传票 F62～F81	（四）	
20	对角传票 F62～F81	（五）	

2. 训练要求

（1）将传票扇面展开20°～25°角，以便于翻打传票。传票扇面展开角度过大，左手较难控制打完的传票，不易翻页；展开角度过小，翻动时容易造成传票连张，漏打传票。

（2）笔放在右手容易拿到的位置，最好多准备一支笔备用。

（3）要做到盲打，头不要在传票和计算器之间晃来晃去，动作要连贯。

3. 任务考核参考标准

（1）找页评价：以找页的准度和速度作为评价标准。具体如表4-12所示。

表 4 – 12　　传票找页考核参考标准

标准	优秀（难）	良好（中）	合格（易）
以 20 题为一组测试（限量不限时）			
时间（秒）	8 ~ 10	11 ~ 13	14 ~ 16
以 20 秒为时间段测试（限时不限量）			
对题量（个）	30 ~ 40	35 ~ 37	32 ~ 34

边输入边找页是提高运算速度的一种技巧，手感和经验都会影响找页动作的快慢和准确度，所以必须加强练习。

（2）翻页评价：以翻页的速度作为评价标准。具体如表 4 – 13 所示。

表 4 – 13　　传票翻页考核参考标准

标准	优秀（难）	良好（中）	合格（易）
以 100 页为准（限量不限时）			
时间（秒）	8 ~ 10	11 ~ 13	14 ~ 16
以 30 秒为准（限时不限量）			
对题量（个）	30 ~ 40	35 ~ 37	32 ~ 34

翻页练习是传票翻打的基础，只有左手能够很准确、连贯、快速地翻开传票的每一页，才能快速进行传票翻打。

（3）传票翻打评价，具体考核参考标准如表 4 – 14 所示。

表 4 – 14　　传票翻打考核参考标准

标准	优秀（难）	良好（中）	合格（易）
20 页/题（10 分钟）每正确一题计 5 分			
分值	80 分以上	70 ~ 80	60 ~ 70

快速翻页和找页训练，能让学生熟悉传票，翻出手感，同时准确录入，减少退格的使用率。通过此阶段的训练，少数精英可以突破 90 分大关。每组退格使用次数少于 4 次，错误题数控制在 1 组，最高不能超过 2 组。

任务三　字符录入技能

一、初始键盘

键盘是最常用也是最主要的输入设备，通过键盘可以将英文字母、数字、标点符号等输入到计算机中，从而向计算机发出命令。键盘对于计算机的操作非常重要，计算机的很多工作都是由键盘操作来完成的，因此初学者必须掌握正确的键盘操作规则，这是掌握计算机最重要，也是最基础的内容。下面首先来认识一下键盘。

大家知道常用的键盘上一共有多少个键吗？按键数键盘可分为 86 键键盘、101 键键盘、104 键键盘、108 键键盘。

86 键键盘：这是早期的键盘，键盘上有 86 键。

101 键键盘：将常用键及数字键分离出来组合成键盘第三区——数字小键盘区，这样就有 101 个键了。

104 键键盘：在 Windows 95 推出后，增加三个功能键，包含两个 Win 功能键和一个菜单键。它是目前最流行的一种键盘。

108 键键盘：108 键键盘比 104 键键盘多了几个与电源管理有关的键，如开关机、休眠、唤醒等。

下面以最常用的 104 键键盘为例进行介绍，键盘分区如图 4－15 所示。

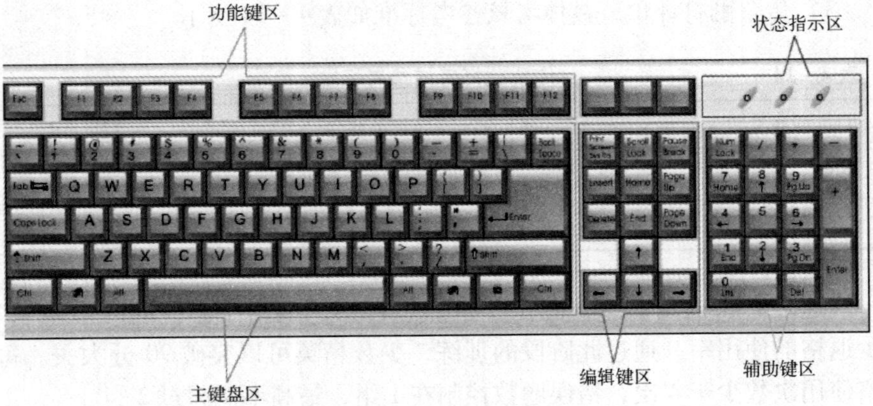

图 4－15　键盘分区图

（一）功能键区

1. Esc 取消键或退出键

在操作系统和应用程序中，该键经常用来退出某一操作或正在执行的命令。

2. F1～F12 功能键

在计算机系统中，这些键的功能由操作系统或应用程序所定义。

3. Printscreen 屏幕硬拷贝键

在已联机的情况下，按下该键可以将计算机屏幕的显示内容通过打印机输出。

4. Pause 或 Break 暂停键

按下该键能使计算机正在执行的命令或应用程序暂时停止工作，直到按键盘上任意一个键才继续。另外，按 Ctrl + Break 组合键可中断命令的执行或程序的运行。

（二）主键盘区

这是键盘的主要组成部分，它的键位排列与标准英文打字机的键位排列一样。该键区包括数字键、字母键、常用运算符以及标点符号键，除此之外还有几个必要的控制键。

1. 空格键

键盘上最长的条形键。每按一次该键，将在当前光标的位置上空出一个字符的位置。

2. Enter 回车键

每按一次该键，将换到下一行的行首输入。也就是说，按下该键后，表示输入的当前行结束，以后的输入将另起一行。或在输入完成后，按下该键，表示确认命令并执行。

3. CapsLock 大写字母锁定键

在打字键区左边。该键是一个开关键，用来转换字母的大小写状态。每按一次该键，键盘右上角标有“CapsLock”的指示灯发亮或熄灭。如果“CapsLock”指示灯发亮，则键盘处于大写字母锁定状态，这时直接按下字母键，则输入为大写字母；如果按 Shift 键的同时，再按字母键，输入的反而是小写字母。如果这时 CapsLock 指示灯不亮，则大写字母锁定状态被取消。

4. Shift 换挡键

换挡键在打字键区共有两个，它们分别在主键盘区（从上往下数，下同）第四排左右两边对称的位置上。对于符号键（键面上标有两个符号的键，这些键也称为上下挡键或双字符键）来说，直接按下这些键时，所输入的是该键键面下半部所标的那个符号（称为下挡键）；如果按住 Shift 键的同时再按下双字符键，则所输入的是该键键面上半部所标的那个符号（称为上挡键）。如直接按“5”键是5，若按 Shift 键的同时再按“5”键则是%。对于字母键而言：当键盘右上角标有“CapsLock”的指示灯不亮时，按住 Shift 键的同时再按字母键，输入的是大写字母。例如，CapsLock 指示灯不亮时，按 Shift + S 组合键会显示大写字母 S。

5. Backspace 退格删除键

在打字键区的右上角。每按一次该键，将删除当前光标位置的前一个字符。

6. Ctrl 控制键

在打字键区第五行，左右两边各一个。该键必须和其他键配合才能实现各种功能，这些功能是在操作系统或其他应用软件中进行设定的。例如，按 Ctrl + Break 组合键，则起中断程序或命令执行的作用（说明：指同时按下 Ctrl 键和 Break 键，此类键称为复合键）。

7. Alt 转换键

在打字键区第五行，左右两边各一个。该键要与其他键配合使用。例如，按 Ctrl + Alt + Del 组合键，可重新启动计算机（称为热启动）。

8. Tab 制表键

在打字键区第二行左首。该键用来将光标向右跳动 8 个字符间隔（除非另作改变）。

（三）编辑键区

（1）Insert 插入字符开关键：按一次该键，进入字符插入状态；再按一次，则取消字符插入状态。

（2）Delete 字符删除：按一次该键，可以把当前光标所在位置的字符删除掉。

（3）Home 行首键：按一次该键，光标会移至当前行的开头位置。

（4）End 行尾键：按一次该键，光标会移至当前行的末尾。

（5）Pageup 或 Pgup 向上翻页键：该键用于浏览当前屏幕显示的上一页内容。

（6）Pagedown 或 Pgdn 向下翻页键：该键用于浏览当前屏幕显示的下一页内容。

（7）←↑→↓ 光标移动键：使光标分别向左、向上、向右、向下移动一格。

（四）小键盘区

小键盘区也称辅助键盘区，位于键盘的最右侧，主要是为大量的数据输入提供方便。在小键盘区上，大多数键都是上下挡键（即键面上标有两种符号的键）。它们一般具有双重功能：一是代表数字键，二是代表编辑键。小键盘的转换开关键是 NumLock 数字锁定键。

NumLock 数字锁定键：该键是一个开关键。每按一次该键，键盘右上角标有 NumLock 的指示灯会发亮或熄灭。这时，如果 NumLock 指示灯亮，小键盘的上下挡键则作为数字符号键来使用；反之，则具有编辑键或光标移动键的功能。

二、键盘操作规则

（一）正确的坐姿

操作计算机必须注意正确的姿势，如果操作者姿势不对，就不容易做到准确、快速地操作，打字时间一长，还会感到疲劳。连续操作计算机时间达到 45 分钟后，应稍做休息，可以采用远眺、做眼保健操等方式缓解眼睛的压力，最好用温水洗洗脸，以将聚集在脸部的静电放掉。

打字姿势归纳为直腰、弓手、立手、弹键。要学习计算机必须有坚强的意志，特别是对于初学者来说，必须掌握正确的坐姿，养成好的习惯，操作起来才会更高效、更舒适。正确坐姿如图 4－16 所示。

图 4－16　坐姿示意图

（1）打字姿势。坐姿要自然端正，切忌跷腿、探身；下臂、腕与手背成一平面且向上倾斜，与键盘面略有距离；腕部既不要隆起，也不要下陷；手掌根部不要接触桌面或机器；眼睛不可看键盘，只能看被录入的文稿。

（2）击键。手指与键位发生弹性碰撞，去得快回来也快，体现出“击”键，而不是“按”键，击键手指要有一定的力度。击键的手指是自然弯曲的，该手的其他手指也会随之略有移动，切忌非击键手指翘起等现象。连续击键时要有节奏，速度保持匀速。

（3）手指移动。手指移动的规律可概括为基本键位—移动手指击键—返回基本键位—再击键，此规律是盲打的保证。

（4）观看。眼睛只看原稿，不看键盘和屏幕，实现字符录入。

（二）键盘的指法

键盘的指法是指运用10个手指击键的方法，即规定每个手指分工负责击打哪些键位，以充分调动十个手指的动作，并实现不看键盘地输入（盲打），从而提高击键的速度。

1. 键位及手指分工

键盘上的A、S、D、F和J、K、L、;这8个键位被定为基本键。输入时，左右手的8个手指（大拇指除外）从左至右自然平放在这8个键位上，拇指放在空格键上，如图4－17所示。

图4－17　手指基本键位示意图

准备打字时，除拇指外其余的8个手指分别放在基本键上，拇指放在空格键上，包键到指，分工明确，如图4－18所示。

图4－18　手指基本键位示意图

每个手指除了指定的基本键处，还分工有其他的字键，称为它的范围键。范围键是指手指所对应的上方和下方键位，如左手中指还应负责 E 键和 C 键，左手无名指还应负责 W 键和 X 键，食指负责范围较大些，以此类推。

大多数键盘上的 F、J 键键面有一点不同于其余各键：触摸时，这两个键键面均有一道微凸的横杠，这对盲打找键位很有用。这样才能做到十指分工，包键到指，各司其职，实践证明能有效提高击键的准确率和速度。

2. 正确的击键方法

掌握了正确的操作姿势，还要掌握正确的击键方法。

（1）平时各手指要放在基本键上。打字时，每个手指只负责相应的几个键，不可混淆。

（2）打字时，一只手击键，另一只手必须在基本键上处于预备状态。

（3）手腕平直，手指弯曲自然，击键只限于手指指关节，身体其他部分不得接触工作台或键盘。

（4）击键时，手抬起，只有要击键的手指才可伸出击键，不可压键或按键。击键之后手指要立刻回到基本键上，不可停留在已击的键上。

（5）击键速度要均匀，用力要轻，有节奏感，不可用力过猛。

初学打字时，要讲求击键的准确率，其次再求速度。

（三）训练方法

键盘录入是一种技术，只有通过大量的打字训练实践才能熟记各键的位置，从而实现盲打。

1. 步进式练习

先练习基本键 A、S、D、F 及 J、K、L、;，做一批练习；再加上 E、I 键，做一批练习；补齐基本行的 G、H 键，再做一批练习；然后再依次加上 R、T、U、Y 键→W、Q、M、N 键→C、X、Z、? 键进行练习等。

2. 重复式练习

练习中可选择一些英文词句或短文，反复练习多次，并记录自己完成的时间。

3. 强化式练习

对一些弱指所负责的键要进行有针对性的练习，如小指、无名指等。

4. 坚持训练盲打

在训练打字的过程中，应先讲求准确地击键，不要贪图速度。一开始键位记不准，可稍看键盘，但不可总是偷看键盘。经过一定时间的训练，要能达到不看键盘也能准确击键。

5. 软件练习

初学者可以下载打字软件来练习，如“金山打字”，很多练习打字的软件都包括盲打练习游戏模块，既好玩又可以练习盲打，寓教于乐，对提高打字速度是很有帮助的，如图 4－19 所示。

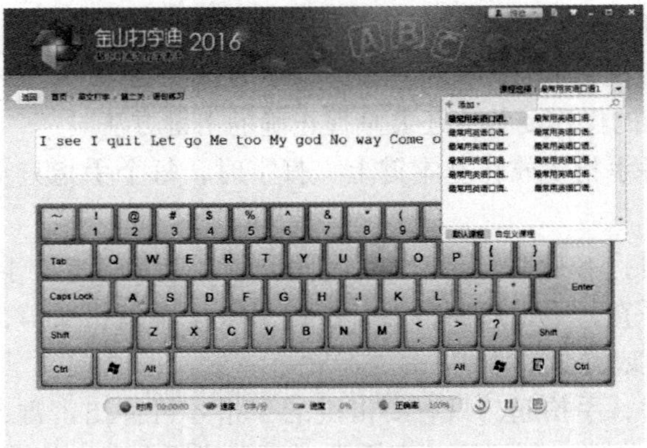

图 4－19　金山打字练习

技能练习

1. 训练任务

（1）基准键位练习。

（2）Y、H、N、U、J、M 键练习。

（3）T、G、B、R、F、V 键练习。

（4）K、I、E、D、C 键练习。

（5）W、S、X、O、L 键练习。

（6）P、Q、A、Z 键练习。

（7）符号键练习。

（8）综合练习。

2. 训练要求

（1）初学者键盘训练由准确开始，再逐步追求速度。

（2）掌握指法练习技巧：左右手指放在基本键位上；击完其他键后迅速返回原位；食指击键注意键位角度；小指击键力量保持均匀；数字键采用跳跃式击键的方法。

3. 任务考核参考标准

在“金山打字”通中限定 10 分钟测试。考核参考标准如表 4 – 15 所示。

表 4 – 15　　考核参考标准

考核内容	优秀（90 分）	良好（80 分）	中等（70 分）	及格（60 分）	不及格
键位练习	250 个/分钟	200 个/分钟	150 个/分钟	100 个/分钟	100 个/分钟以下
英文单词练习	200 个/分钟	150 个/分钟	100 个/分钟	50 个/分钟	50 个/分钟以下
英文文章练习	180 个/分钟	130 个/分钟	80 个/分钟	30 个/分钟	30 个/分钟以下

每个等级之间，每分钟快一个字母加 0. 2 分，如键位练习最终测试为 210 个/分钟，则得分 82 分。

任务四　中文录入技能

汉字输入是一种技能，基本上“熟能生巧”的定律在此一样适用，多花时间、多下苦功练习是进步的必要条件。对于初学打字的人应该逐步做到以下几点：

（1）一定要将手指按照分工放在正确的键位上。

（2）有意识地慢慢记住键盘上各个字符的位置，逐步养成不看键盘的输入习惯，学会盲打。

（3）集中注意力，做到手、脑、眼协调一致，尽量避免边看原稿边看键盘。

（4）初学打字的人练习时即使速度慢，也一定要保证输入的准确性。

一、拼音输入技能

拼音输入法是利用汉字的拼音字母为汉字代码。除了用 V 键代替韵母 u 以下，没有特殊规定。只要按照汉语拼音输入即可。

例如，要打“尚”字，只需输入“Shang”，在弹出的候选框中选择即可，如发现候选框中无“尚”字，可按键盘上的“+”键或用鼠标单击候选框右上角的箭头继续查找，直到发现“尚”字时，按键盘上相应的数字键（即所发现“尚”字前的数字）。有的输入法有记忆功能，这次选择了“尚”字，下次输入“Shang”时就会把“尚”字排在第一位。

词组录入：可以全拼录入，如“尚武”可以输入“shangwu”；也可以简拼录入，如“尚武”，可以输入“sw”，即“尚武”前两个字的第一个字母。

1. 全拼

全拼输入是拼音输入法中最基本的输入方法。只要用 Ctrl + Shift 组合键切换到拼音输入法，在输入窗口中输入拼音，然后依次选择所需要字或词即可。

2. 简拼

简拼是输入声母或声母的首字母来进行输入的一种方法。有效地利用简拼，可以大大地提高输入的效率。搜狗输入法现在支持的就是声母简拼和声母的首字母简拼。例如，要输入“张靓颖”，只需输入“zhly”或者“zly”即可。

3. 英文的输入

搜狗输入法默认按一下 Shift 键就切换到英文输入状态，再按一下 Shift 键就会返回到中文状态。单击状态栏上的“中”图标也可以进行切换。

4. 双拼

双拼是用定义好的单字母代替较长的多字母韵母或声母来进行输入的一种方式。例如，如果 T = t，W = ian，那么输入两个字母“TM”就会输入拼音“Tian”。使用双拼可以减少击键次数，但是需要记忆字母对应的键位，熟练之后效率会有一定提高。

如果使用双拼，则在设置属性窗口选择双拼即可。

特殊拼音的双拼输入规则有：对于单韵母字，需要在前面输入字母 O + 韵母。例如，输入 OA→A，输入 OO→O，输入 OE→E。

在自然码双拼方案中，和自然码输入法的双拼方式一致，对于单韵母字，需要输入双韵母。例如，输入 AA→A，输入 OO→O，输入 EE→E。

二、五笔输入法

五笔输入法是一种形码输入法，因其具有普及范围广、不受方言限制、重码少、输入速度快等优点，已被用户普遍使用。

1. 五笔简介

王码五笔输入法是 1983 年由王永民工程师发明的一种中文输入法。距今为止，中文输入法已有十多种，王码五笔输入法始终独领风骚，成为标准，并且是现在大多数公司指定的中文输入法。五笔输入法最大的一个特点就是“快”，基本上打字高手使用的都是五笔输入法。

2. 五笔的组成原理

五笔的组成原理如图 4 – 20 所示。

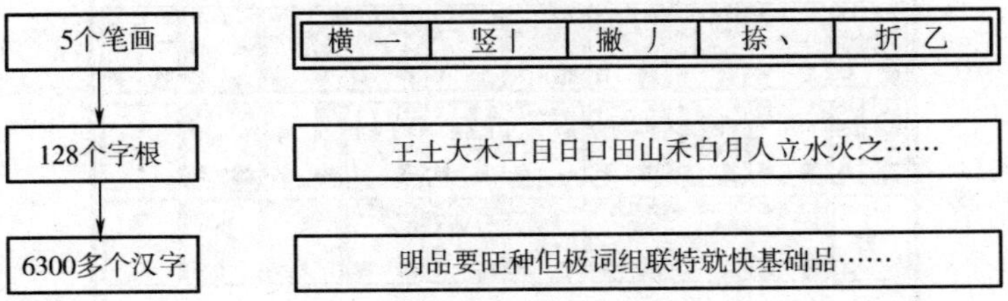

图 4－20　五笔的组成原理图

3. 五笔字型字根键盘

五笔输入法难在汉字的字数多、笔画多，而电脑的输入设备键盘，只有几十个字母键，不可能把汉字都摆上去。所以，要将汉字分解开来之后，再向电脑输入。

汉字分为 3 个层次，即笔画、字根、单字。也就是说，由若干笔画复合连接交叉形成相对不变的结构组成字根，再将字根按一定位置关系拼合起来构成汉字。五笔字型就是遵从人们的习惯书写顺序，以字根为基本单位组字编码、拼形输入汉字。

分解汉字就涉及汉字的字根，字根累计只有 200 种左右。这样，就把处理几万个汉字的问题，变成了只处理字根的问题；把输入一个汉字的问题，变成了输入几个字根的问题，就像输入几个英文字母才能构成一个英文单词一样。分解汉字的过程是构成汉字的逆过程。当然，汉字的分解是按照一定的章法进行的，总体来说就是：整字分解为字根，字根分解为笔画。

键盘是用手指操作，向电脑输入文字或“发布命令”的设备。标准英文键盘的主体部分是 26 个字母键，因为这种标准键盘分上、中、下 3 排键，手指放在中间一排，上下各紧邻一排，特别适合手指操作，如能沿用英文指法，不但效率高，而且通用性强，所以英文键盘上的 26 个字母键是最理想的汉字输入设备。只要把五笔字型的字根对应地放在英文字母键上，这个键盘就“改头换面”成了一个五笔字型字根键盘，如图 4－21 所示。

4. 五笔字根

汉字的 5 种基本笔画是横、竖、撇、捺、折。

五笔字型的基本字根有 130 个，加上一些基本字根的变型，共有 200 个左右。按照每个字根的起笔代号，分为五个区，即 1 区横区、2 区竖区、3 区撇区、4 区捺区、5 区折区。

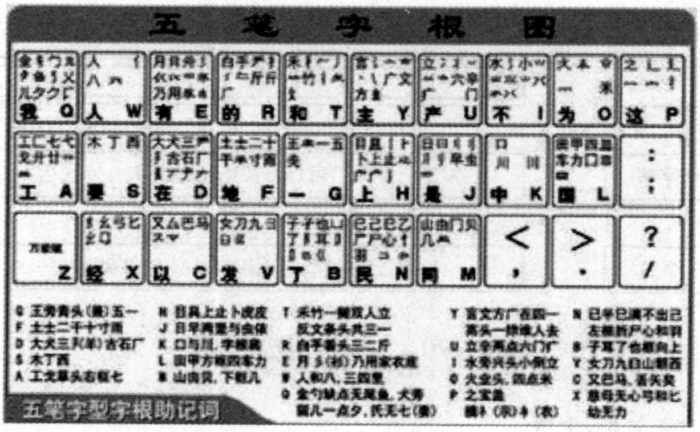

图 4 – 21　五笔字型字根键盘

（1）横区字根如图 4 – 22 所示。

11G:王旁青头戋（兼）五一
王 龶 戋 五一

12F:土士二干十寸雨
土士二干十寸雨 𠀎

13D:大犬三羊古石厂
大犬三𦍌𡗗古石厂𠂇ナ𠂕 镸

14S:木丁西
木丁西

15A:工戈草头右框七
工戈弋卄廾廿龷 匚七

图 4 – 22　横区字根

（2）竖区字根如图 4 – 23 所示。

（3）撇区字根如图 4 – 24 所示。

21H:目具上止卜虎皮
目且上止⺊卜⺊ 虍 丨

22J:日早两竖与虫依
日曰⺜ 早 刂〢 虫

23K:口与川，字根稀
口 川

24L:田甲方框四车力
田甲口 四罒罒皿 车力 Ⅲ

25M:山由贝，下框几
山由贝，冂 几 ⺆

图 4 – 23　竖区字根

31T:和竹一撇双人立，反文条头共三一
禾 竹⺮丿𠂉 彳，攵夂

32R:白手看头三二斤
白手扌𡗗 斤 ⺈厂𠂉

33E:月彡(衫)乃用家衣底。
月⺼丹 彡彡 乃用 豕𧰨 𧘇𧘇 ⺳

34W:人和八，三四里
人亻 八癶𠓛

35Q:金勺缺点无尾鱼，犬旁留叉儿一点夕，氏无七
金钅勹 鱼 犭 儿 乂 夕夕⺈ 𠂆

图 4 – 24　撇区字根

（4）捺区字根如图 4－25 所示。

（5）折区字根如图 4－26 所示。

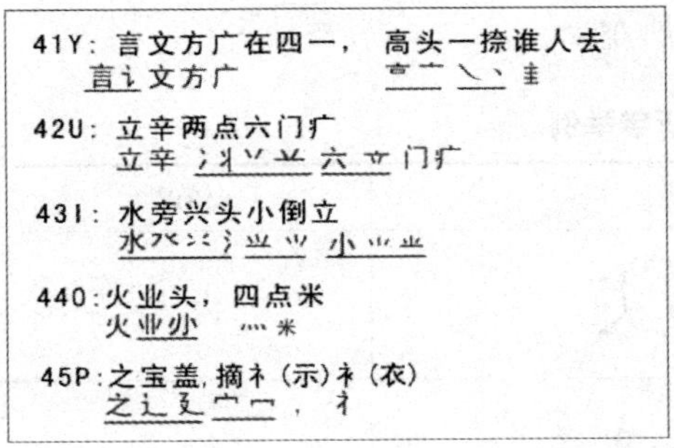

图 4－25　捺区字根

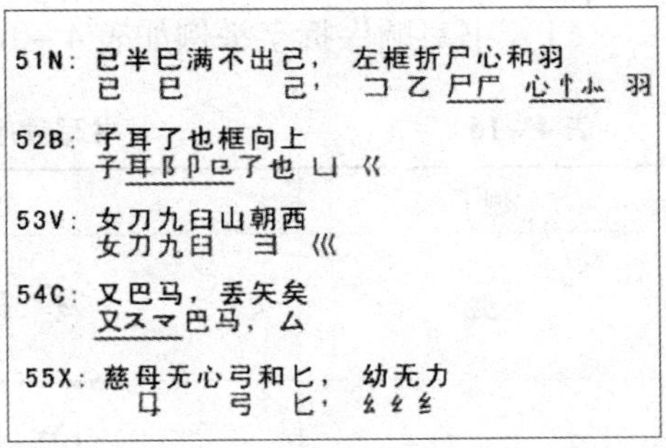

图 4－26　折区字根

“金山打字”五笔打字的“字根练习”界面如图 4－27 所示。

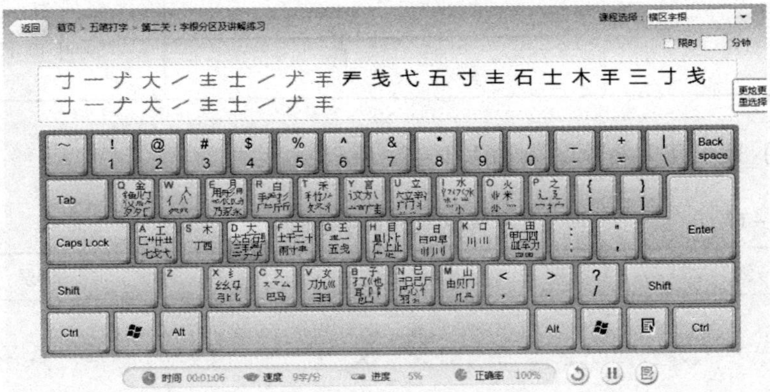

图 4－27　“金山打字”五笔打字的“字根练习”界面

5. 折字原则

所有的汉字都由基本字根组成，字根间的位置关系可以分为单、散、连、交 4 种类型。

单：基本字根本身就单独构成一个汉字，这类汉字在 130 个基本字根中所占比例很大，有近百个，如“由”“雨”“车”等。

散：构成汉字不止一个字根，且字根之间保持一定的距离，不相连也不相交，如“讲”“肥”“明”等。

连：一个基本字根连一个单笔画，如“自”“千”等。

交：多个字根交叉套迭构成汉字，如“申”“里”等。

五笔拆字原则是：取大优先、兼顾直观、能连不交、能散不连。

（1）书写顺序拆字举例如表4－16所示。

表4－16　　书写顺序拆字举例

例子	正确	错误
夷		大弓
寒		宀三丨丨冫
埔	土一用、	土十月、
曹		廿曰日

（2）取大优先拆字举例如表4－17所示。

表4－17　　取大优先拆字举例

例子	正确	错误
交		亠八乂
失		
养		丷三人丨丨
彦		

（3）兼顾直观拆字举例如表4－18所示。

表 4－18　　兼顾直观拆字举例

例子	正确	错误
固		冂古一
载		土车乙
乘		丿十丬……八
兆		儿

（4）能连不交拆字举例如表 4－19 所示。

表 4－19　　能连不交拆字举例

例子	正确	错误
天		二人
矢		人
生		土
告	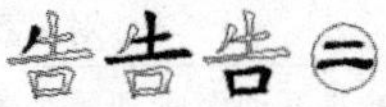	丨口

（5）能散不连拆字举例如表 4－20 所示。

表 4－20　　能散不连拆字举例

例子	正确
否	
贯	
身	
凹	
余	
乐	

6. 简码

（1）一级简码（高频字，25 个，［所在键 + 空格］），如图 4 – 28 所示。

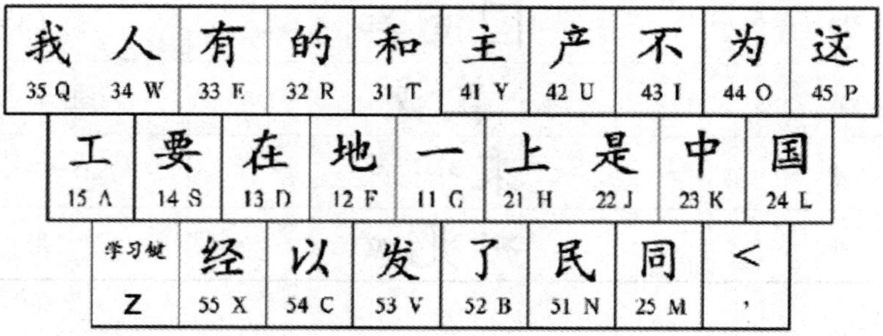

图 4 – 28　一级简码字

（2）二级简码（625 个，［前两码 + 空格］）。

例如，“喧”字的简码为“KP”，全码为“KPGG”；“原”字的简码为“DR”，全码为“DRII”。

二级简码汉字一览表如表 4 – 21 所示。

表 4 – 21　二级简码汉字一览表

键位字母	对应汉字
G	五于天末开下理事画现玫珠表珍列玉平不来与屯妻到互
F	二寺城霜载直是吉协南才垢圾夫无坟增示赫过志地雪支
D	三夺大厅左丰百右历成帮原胡春克太磁砂灰达成顾肆友龙
S	本村枯林械相查可楞机格析极检构术样挡杰棕杨李要权楷
A	七革基苛式牙划或功贡攻匠菜共区芳燕东芝世节切芭药
H	睛睦盯虎止旧占卤贞睡肯具餐眩瞳步眯瞎卢眼皮此
J	量时晨果虹早昌蝇曙遇昨蝗明蛤晚景暗晃显晕电最归紧昆
K	呈叶顺呆呀中虽吕另员呼听吸只史嘛啼吵喧叫啊哪吧哟
L	车轩因困四辊加男轴力斩胃办罗罚较边思轨轻累
M	同财央朵曲由则崭册几贩骨内风凡赠峭迪岂邮凤
T	生行知条长处得各力向笔物秀答称入科秒管秘季委么第
R	后持拓打找年提扣押抽手折扔失换扩拉朱搂近所报扫反批
E	且肝肛胆肿肋肌用遥朋脸胸及胶膛爱甩服妥肥脂
W	全会估休代个介保佃仙作伯仍从你信们偿伙亿他分公化
Q	钱针然钉氏外旬名锣负儿铁角欠多久匀乐炙锭包凶争色

续表

键位字母	对应汉字
Y	主计庆订度让刘训为高放诉衣认义方说就变这记离良充率
U	闰半关亲并站间部曾商产瓣前闪交六立冰普帝决闻妆冯北
I	汪法尖洒江小浊澡渐没少泊肖兴光注洋水淡学沁池当汉涨
O	业灶类灯煤粘烛炽烟灿烽煌粗伙炮米料炒炎迷断籽娄烃
P	定守害宁宽寂审宫军宙客宾家空宛社实宵灾之官字安它
N	怀导居民收慢避惭届必怕愉懈心习悄屡忱忆敢恨怪尼
B	卫际承阿陈耻阳职阵出降孤阴队隐防联孙耿辽也子限取陛
V	姨寻姑杂毁旭如舅九奶婚妨嫌录灵巡刀好妇妈姆
C	对参戏台劝观矣牟能难允驻驼马邓艰双
X	线结顷红引旨强细纲张绵级给约纺弱纱继综纪弛绿经比

（3）三级简码（4 400 个，[前三码 + 空格]）。

例如，“微”字的简码为“TMG”，全码为“TMGT”；“模”字的简码为“SAJ”，全码为“SAJD”。

（4）简码规律总结，如图 4 – 29 所示。

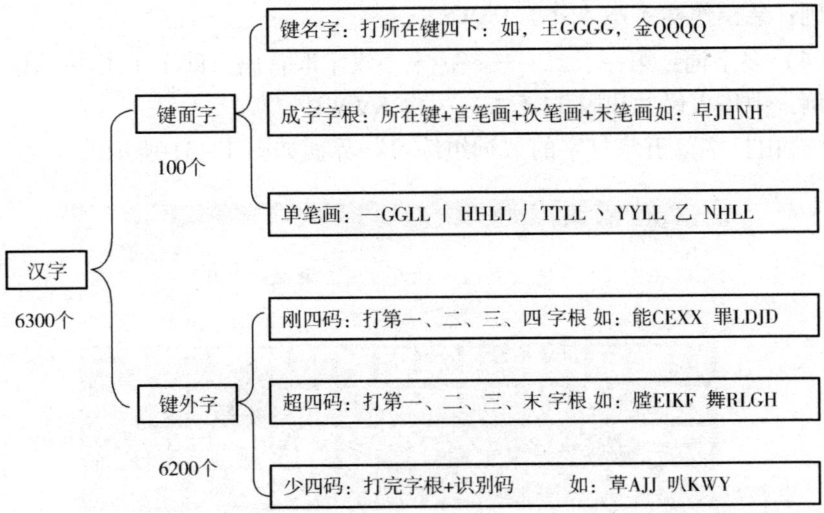

图 4 – 29　简码规律总结

“金山打字”五笔打字的“单字练习”界面如图 4 – 30 所示。

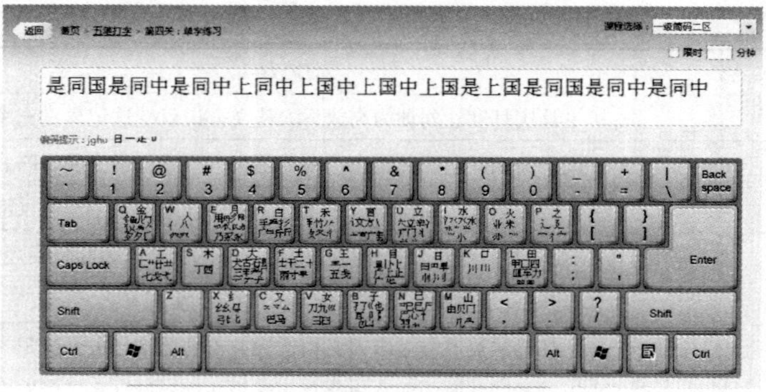

图 4－30　“金山打字”五笔打字的“单字练习”界面

7. 词组

（1）双字词：每字取前两码，即①②。

例：教育土丿一厶 FTYC

（2）三字词：前两字取首码，后一字取前两码，即①①②。

例：博物馆 十丿勹乚 FTQN 口亻人口

（3）四字词：每字取首码，即①①①①。

例：装模作样丬木亻木 USWS

（4）多字词：第一、二、三……末个汉字取首码，即①①①……①。

例：中华人民共和国 口亻人……口 KWWL

“金山打字”五笔打字的“词组练习”界面如图 4－31 所示。

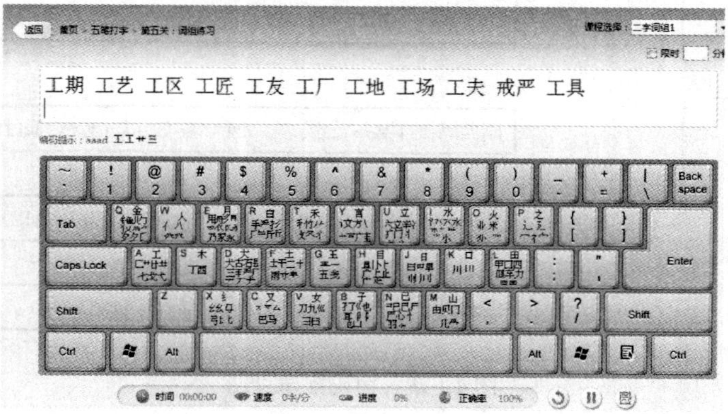

图 4－31　“金山打字”五笔打字的“词组练习”界面

“金山打字”五笔打字的“文章练习”界面如图 4－32 所示。

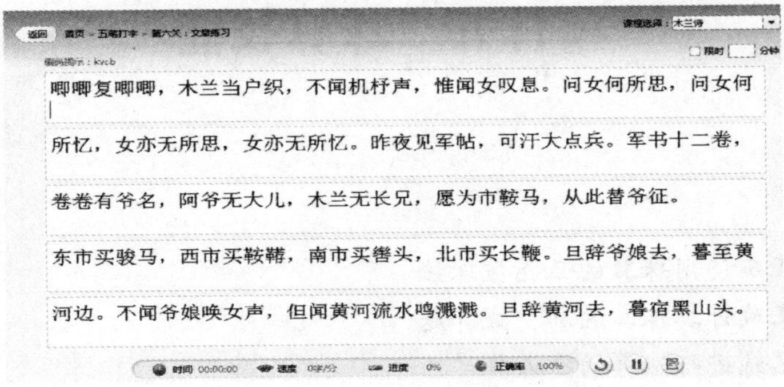

图 4－32　“文章练习”五笔打字的“词组练习”界面

技能练习

1. 训练任务

在“金山打字通”中进行拼音及五笔输入法训练。

2. 训练要求

（1）熟悉键名和字根。

（2）注意记忆一些难拆字。

（3）多使用“简码”和“词组”。

（4）平时多练习，一直练习到“忘记”字根为止。

3. 训练考核参考标准

在“金山打字通”中进行 20 分钟拼音及五笔输入法测试，考核参考标准如表 4－22 所示。

表 4－22　标准键盘键位练习考核参考标准

考核内容	优秀（90 分）	良好（80 分）	中等（70 分）	及格（60 分）	不及格
拼音输入法	80 字/分钟	70 字/分钟	60 字/分钟	50 字/分钟	50 字/分钟
五笔输入法	90 字/分钟	80 字/分钟	70 字/分钟	60 字/分钟	60 字/分钟

项目五　珠算技能

技能目标

1. 会正确使用珠算的三指拨珠法
2. 会正确计算珠算的加、减算题
3. 能熟练进行珠算的账表算

工作描述

1. 工作对象：不同难度的加减法算题
2. 工作用品：普通型算盘、教学用大算盘
3. 工作场所：从事会计、金融、审计、统计、税务、营销等各种经济管理工作的场所

能力训练

能力训练任务、目标、相关知识及训练方式，如表5－1所示。

表5－1　能力训练任务、目标、相关知识及训练方式

任务	目标	相关知识	训练方式
珠算技能	①会正确使用珠算的三指拨珠法 ②会正确计算珠算的加、减算题 ③能熟练进行珠算的账表算	①三指拨珠法 ②加法口诀表 ③减法口诀表	用算盘进行珠算训练

任务一　珠算基本知识

一、认识珠算

算盘：算盘是我国古代劳动人民创造的一种计算工具。它是指按一定规格构成的算珠系统。古书中也称“珠盘”。

算珠（珠、珠子、算盘珠）：在计算中，由于其所处的空间位置不同，而可以有不同赋值的珠子。有圆珠和菱珠两种。

内珠（梁珠）：靠梁的算珠叫内珠，又叫梁珠，它表示数字。

外珠（框珠）：离梁靠框的算珠叫外珠，也叫框珠，通常它表示为零和无数字，作补数运算时，它也表示补数。

带珠：拨珠时，把本挡或邻挡不应拨入或拨去的算珠带入或带出叫带珠。

飘珠（漂子）：拨珠时用力过轻或过重，造成不靠边不靠梁，浮漂在挡中间的算珠。

空盘：算盘上所有挡上的算挡，全部靠框不靠梁叫空盘，空盘表示算盘里没有记数。

空挡：上下珠都不靠梁的挡叫空挡。“0”是以空挡来表示的。

隔挡：亦称“隔位”，一般称本挡的左二挡或右二挡为隔挡。

前挡（上位）：算盘本位的左一挡（位）比本位大十倍。

下挡（下位）：算盘本位的右一挡（位）是本位的十分之一。

借挡（串挡）：运算过程中未将算珠拨入应拨的挡位。

法数和实数：我国古算书中，将乘法中的被乘数，除法中的被除数称为“实数”；把乘法中的乘数，除法中的除数称为“法数”。珠算中的实数概念应和数学中的“实数”区分开来。

补数和齐数：两数之和为10的N次方，这两数就互为“补数”。一个数与它的补数之和叫该数的齐数。某数是几位数，它的齐数就是10的几次幂。例如，57的补数为43，齐数为100。

首位数与末位数：一笔数中最先出现的不为零的数称为首位数，亦叫“最高位数”。一笔数中除去“0”以外的末位数字叫“末位数”。

估商：在除法计算过程中，比较被除数和除数，心算估计商数的大小称估商。

调商：在归除或商除运算中，一次试商不准，需补商或退商称调商。

首商：除法计算中，所求的第一位商数称为首商。

确商：经过调整后得出的确切商数称为确商。

二、算盘的种类与结构

（一）算盘的种类

目前我国使用的算盘有两种：七珠圆珠大算盘和五珠菱形小算盘，如图5－1、图5－2所示。

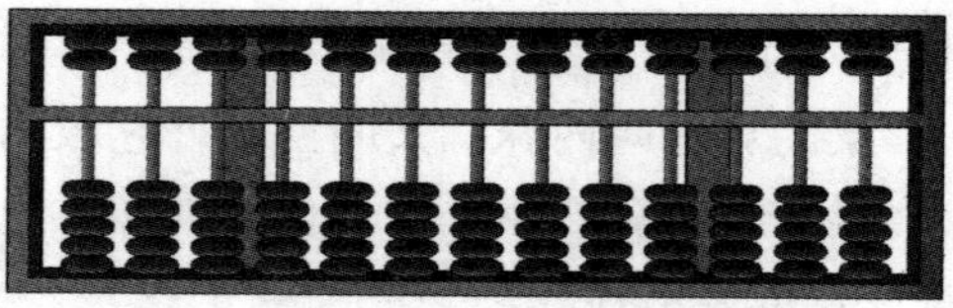

图 5－1　七珠圆珠大算盘

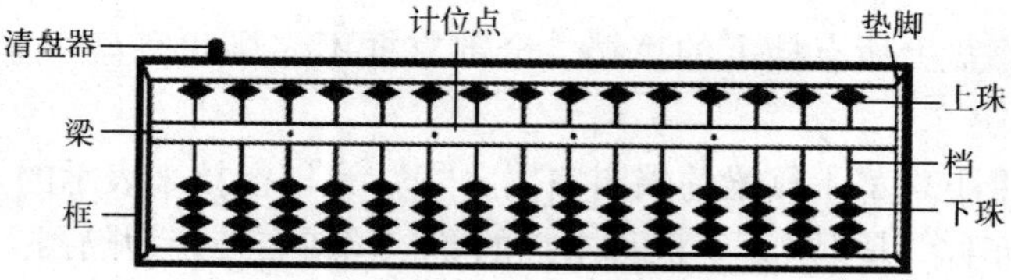

图 5－2　五珠菱珠小算盘

（二）算盘的结构

在长期的社会实践过程中，我国劳动人民创造出各种精美的算盘。各种算盘尽管在大小形状上有些区别，但其基本结构不外乎由框、梁、挡、珠四大部分组成。经过改进后的五珠菱珠小算盘增加了清盘器、计位点和垫脚等装置。

（1）框：也叫边，就是算盘周边的木框，起固定梁、挡的作用。

（2）梁：是连接左右边框上的一条横木，与上下边平行。梁将算盘盘面分为两个部分，其作用是靠梁的珠为有效珠，表示具体的数；离梁的珠为备用珠，不表示数。

（3）挡：是连接上下边框并穿过横梁的若干细杆，起串联算珠和表示不同数位的作用。

（4）珠：也叫“算盘子”，梁上部分的珠叫上珠，梁下部分的珠叫下珠。七珠圆珠大算盘最上面的一颗叫顶珠，最下面的一颗叫底珠。

（5）计位点：梁上每隔三挡标有一小圆点，每点在两挡之间或某挡之上。其主要作用是为计数与看数方便，乘除运算可作定位用。

（6）清盘器：是改进的五珠小算盘新加的，其作用是提高清盘速度。

（7）垫脚：装在算盘左右两边的底面，其作用是使算盘底面离开桌面有一定距离，当需要计算算盘下面的数字时，推拉算盘以防止算珠被带动。

三、珠算的特点

珠算计算不同于其他计算方法，有其自身特殊性，只有认识这些特性，才能充分利用算盘这一传统的计算工具。珠算的特点概括如下：

（1）算盘以算珠靠梁表示记数。每颗上珠当五，每颗下珠当一，以空挡表示零，以挡表示数位。高位在左，低位在右。

（2）算盘的每一挡表示一个数位。理论上可以以梁上任意一个计位点的挡作为个位挡。从个位挡向左依次为十位挡、百位挡……逐位扩大十倍；从个位挡向右依次为十分位挡、百分位挡……逐位缩小十倍，这种表示方法与数字书写顺序一致。

（3）置数前算盘上不能有任何算珠靠梁。置数时，应先定位，由高位到低位（从左向右）将预定数字按位逐挡拨珠靠梁。

（4）珠算在进行加减运算时极为方便。珠算加减从左向右进行，与实际工作中读数顺序一致。可以边看边打，在被加数（被减数）上连加（连减）几个数，其结果立即从盘面显示出来。

（5）珠算在熟练地掌握了加减运算方法的基础上，乘除运算在盘上就变成了用大九九口诀的加减运算，不像笔算那样繁杂。

（6）珠算计算采用“五升十进制”。用算盘计算时，采用的是五升十进制。由于一颗上珠当五，当下珠满五时，需用同挡的一颗上珠来代替，称为五升。当一挡数满十向左挡进一，称为十进。“五升十进制”是珠算运算中的一个规则，也是算盘赖以生存和发展的一个基础。

图 5－3　五珠菱珠小算盘的结构

四、拨珠指法

手指对算珠的拨动与分工管理方法叫指法。指法的正确与否，直接影响运算效率。

手指拨珠的一般要求是：指稍倾斜、指尖触珠、用力适度。

手指分工管理要视算盘结构而定，通常七珠圆珠大算盘用三指法，五珠菱珠小算盘采用二指法。

（一）三指法

即同时运用拇指、食指和中指进行拨珠运算。

1. 拇指：专拨下珠靠梁

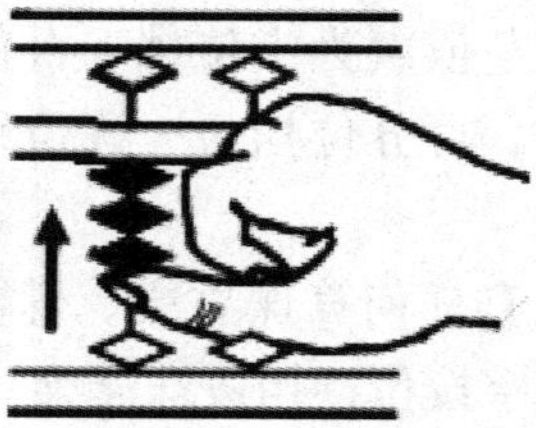

图示：0 + 3 = 3

2. 食指：专拨下珠离梁

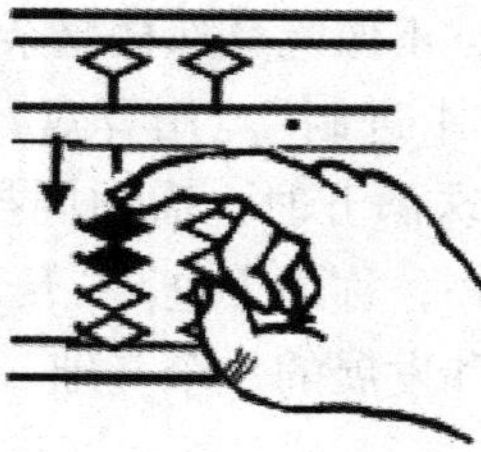

图示：2 − 2 = 0

3. 中指：专拨上珠靠梁和离梁

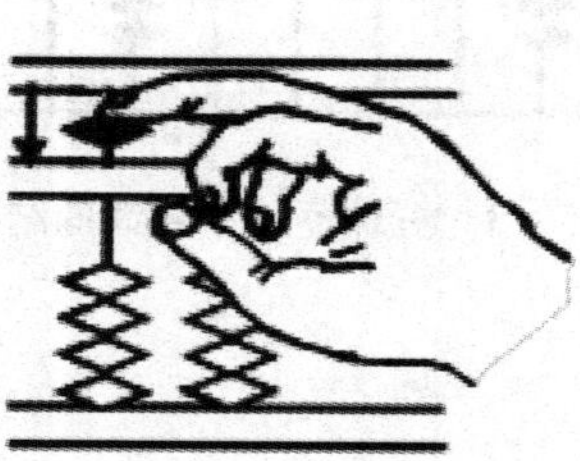

图示：0 + 5 = 5

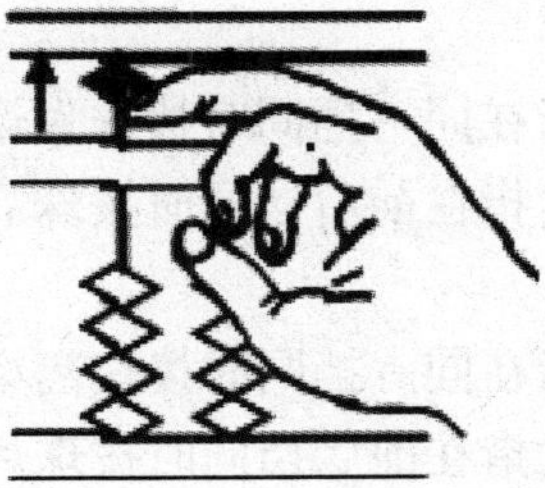

图示：5－5＝0

（二）二指法

即同时运用拇指、食指进行拨珠运算。

1. 拇指

管下珠靠梁，有时也管下珠离梁。

图示：0＋3＝3（上推）

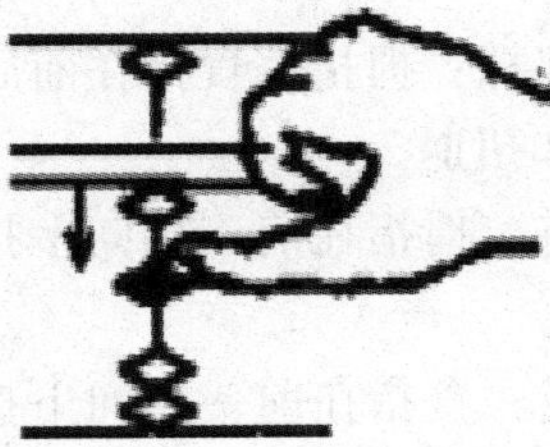

图示：2－1＝1（下拨）

2. 食指

管下珠离梁、上珠靠梁和上珠离梁。

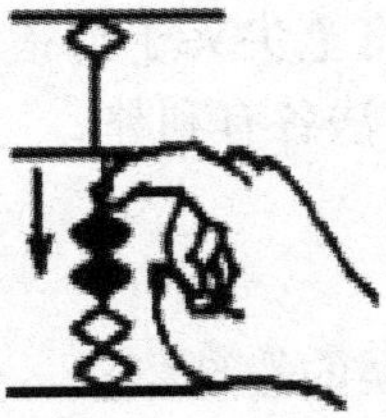

图示：2－2＝0（下拨）

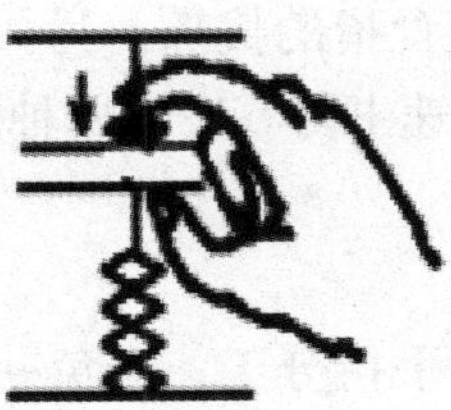

图示：0＋5＝5（下拨）

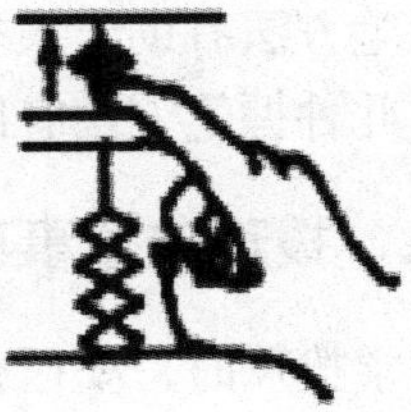

图示：5－5＝0（上挑）

（三）二指法下的两指联拨

在二指法下，利用拇指与食指的相互配合来同时进行拨珠的方法叫两指联拨，可以提高拨珠量，加快运算速度。两指联拨的基本指法有以下几种。

1. 双合

（1）同挡：拇指、食指在同一挡同时拨珠靠梁。

（2）相邻挡：拇指、食指在前后挡同时拨珠靠梁（斜合）。

2. 双分

（1）同挡：拇指、食指在同一挡同时拨珠离梁。

（2）相邻挡：拇指、食指在前后挡同时拨珠离梁（斜分）。

3. 双上

（1）同挡：拇指、食指在同一挡同时向上拨珠，即食指拨上珠离梁，拇指拨下珠靠梁。

（2）相邻挡：拇指、食指在前后挡同时向上拨珠（斜上）。

4. 双下

（1）同挡：拇指、食指在同一挡同时向下拨珠，即食指拨上珠靠梁，拇指拨下珠离梁。

（2）相邻挡：拇指、食指在前后挡同时向下拨珠。（斜下）

5. 扭进和扭退

（1）扭进：拇指在前一挡向上拨下珠靠梁的同时，食指在后一挡向下拨下珠离梁。

（2）扭退：食指在前一挡向下拨下珠离梁的同时，拇指在后一挡向上拨下珠靠梁。

五、握笔方法

五珠菱珠小算盘的握笔方法有两种。一种是将笔横握在大拇指与无名指之间，中指钩住笔杆，笔杆的上端伸出虎口，笔尖露于中指与无名指之间，此种握笔方法有助于大拇指与食指的拨珠。另一种是将笔尖夹于拇指与食指之间，此种握笔方法有助于快速书写答案。两种握笔方法各有利弊。

六、拨珠注意事项

初学拨珠时，要严格注意手指分工，避免一些错误的拨珠指法，做到拨珠方法规范、自然。

另外，练习拨珠运算时要留意以下几点：

（1）用力要适度，算珠要拨到位。不能用力过重，也不能太轻。

（2）手指离开盘面距离要小，拨珠要连贯，做到指不离挡。

（3）看准算珠再拨，力戒重复拨动某一算珠，减少不必要的附加动作。

（4）拨珠顺序。拨珠应先后有序，有条不紊为好，即便二指联拨、三指联拨，也有先后顺序，不能先后颠倒，层次不分。

（5）拨珠要顺畅自然。拨珠时要做到手指协调自然。

以上拨珠要领要熟练掌握，才能提高拨珠效率，在拨珠过程中充分运用联拨运算，力求减少单指独拨，做到拨珠既稳又准。

表 5-2　　《珠算加法》666 的打法

	口诀	指法	口诀	指法
+1	一 上 1	上推		
+2	二 上 2	上推		
+3	三 下 5 去 2	双下		
+4	四 去 6 进 1	双分 + 上推		
+5	五 上 5	下拨		
+6	六 上 1 去 5 进 1	双上 + 上推		
+7	七 上 7	双合		
+8	八 去 2 进 1	扭进		
+9	九 去 1 进 1	扭进		
+10	一 下 5 去 4	双下		
+11	一 上 1	上推	一 上 1	上推
+12	一 上 1	上推	二 上 2	上推
+13				
+14				
+15				
+16				
+17				
+18				
+19				
+20				
+21				
+22				
+23				
+24				
+25				
+26				
+27				
+28				

续表

	口诀	指法	口诀	指法
+29				
+30				
+31				
+32				
+33				
+34				
+35				
+36				

技能练习

1. 训练任务

(1) 会正确使用珠算的三指拨珠法。

(2) 训练题。

①0 + 1,234　4,231 + 213　1,234 − 1,234　4,321 − 1,221

②5,555 − 5,055　5,346 − 5,235　1,223 + 1,525　162 + 4,535

③0 + 6　0 + 7　0 + 8　0 + 9　0 + 6,789　1,201 + 6,798

④0 + 15　0 + 25　0 + 35　0 + 45　1,223 + 1,525　162 + 4,535

⑤6 − 6　7 − 7　8 − 8　9 − 9　8,789 − 6,789　9,887 − 9,876

⑥15 − 15　25 − 25　35 − 35　45 − 45　96 − 45　968 − 457

⑦5 − 1　5 − 2　5 − 3　5 − 4　5,555 − 1,234　5 + 5　25 + 5　16 + 15

⑧4 + 1　3 + 2　2 + 3　1 + 4　4,321 + 1,234　1,234 + 4,321　10 − 5　23 − 5

⑨4 + 6　3 + 7　2 + 8　1 + 9　6 + 9　8 + 8　4 + 7　10 − 8　20 − 16　85 − 26

2. 训练要求

(1) 了解算盘的结构与记数。

(2) 熟练运用珠算指法。

3. 训练考核参考标准

考核参考标准参考见表 5 − 3。

表 5 − 3　　珠算加法 666 打法的考核参考标准

考核内容	17 秒	17 ~ 25 秒	25 秒以上
珠算加法 666 的打法	优秀	良好	不及格

任务二 珠算加减法

一、加减法计算基本原则

珠算加减法是四则运算的基础，是珠算技术的基本功。珠算加减法是实际计算工作中用途最广的计算方法，占计算总量的80%以上。珠算加减运算是依据“五升十进”制原理制定的，加中有减，减中有加，充分体现互逆关系，算理科学、简捷。

珠算加减法运算顺序与笔算相反，从最高位算起，由左至右，由高位到低位，得出结果，其运算规则为：个位固定，数位对齐，从左到右，同位加减。

加减法基本功的训练，主要是看数要快，拨珠要准，反应灵敏；也就是练三功：一练眼，看数清；二练脑，心算精；三练珠，拨珠灵。

二、口诀加减法

加法口诀表

本位加法				进位加法			
直接加法		补五加法		直接进十加法		破五进十加法	
口诀	指法	口诀	指法	口诀	指法	口诀	指法
一上1	上推	一下5去4	双下	一去9进1	双分		
二上2	上推	二下5去3	双下	二去8进1	双分		
三上3	上推	三下5去2	双下	三去7进1	双分		
四上4	上推	四下5去1	双下	四去6进1	双分		
五上5	下拨			五去5进1	前后上		
六上6	双合			六去4进1	扭进	六上1去5进1	双上
七上7	双合			七去3进1	扭进	七上2去5进1	双上
八上8	双合			八去2进1	扭进	八上3去5进1	双上
九上9	双合			九去1进1	扭进	九上4去5进1	双上

表中口诀的第一个数字，表示要加的数，如一、二、三……九，后面的

“上”“去”“下”“进”等是拨珠动作。“上”是加上，即拨上珠或下珠靠梁；“去”是减去，即拨上珠或下珠离梁；“下 5”是拨上珠向下靠梁；“进 1”是发生在进位时，在左一挡拨一颗下珠靠梁。

减法口诀表

本位减法				退位减法			
直接减法		破五减法		直接退十减法		退十补五减法	
口诀	指法	口诀	指法	口诀	指法	口诀	指法
一去 1	下拨	一上 4 去 5	双上	一退 1 还 9	双合		
二去 2	下拨	二上 3 去 5	双上	二退 1 还 8	双合		
三去 3	下拨	三上 2 去 5	双上	三退 1 还 7	双合		
四去 4	下拨	四上 1 去 5	双上	四退 1 还 6	双合		
五去 5	上挑			五退 1 还 5	前后下		
六去 6	双分			六退 1 还 4	扭退	六退 1 还 5 去 1	双下
七去 7	双分			七退 1 还 3	扭退	七退 1 还 5 去 2	双下
八去 8	双分			八退 1 还 2	扭退	八退 1 还 5 去 3	双下
九去 9	双分			九退 1 还 1	扭退	九退 1 还 5 去 4	双下

表中口诀的第一个数字，表示要减的数，如一、二、三……九，后面的“去”“上”“退”“还”等是拨珠动作。“去”“上”与在加法中的含义一样，是“减去”和“加上”的意思。“退”“还”是因为本挡原有数较小，要减少一个较大数不够减，需由左一挡借 1 当 10，这时左一挡减 1，称为“退”，又称退 1；然后，把 10 减去减数所得之差，加在本挡上，称为“还”。

本项目不要求全面掌握珠算减法，但因本位减法在加法中要运用，故需掌握这两种减法。

三、无诀加减法

我国传统加减法是口诀加减法，为避免背诵口诀之烦，充分发挥珠算的启智功能，依据“五升十进”制原理，通过对 5 与 10 两数的分解和合成，利用“凑数”与“补数”概念，逐步取代口诀加减法。

1. 凑数

在进行加减运算时，往往出现本挡下珠不够用，这时必须动用本挡上珠，因为一个上珠代表同挡上五个下珠。如果两数之和为5，则两数互为凑数。凑数共有两对，即1和4，2和3。

2. 补数

在进行加减运算时，往往出现本挡算珠不够用，需向左一挡进一或退一算十。如果两数之和为10或10^n，则两数互为补数。合成10的补数有五对，即1和9，2和8，3和7，4和6，5和5。下面各式中的加数和被加数均互为补数。

1 +9 =10　　2 +8 =10　　3 +7 =10　　4 +6 =10

5 +5 =10　　13 +87 =100　　38 +62 =100　　512 +488 =1,000

6,150 +3,850 =10,000

四、加减法类型

（一）直接加法和直接减法

1. 直接加法

在加法运算中，拨上被加数后，靠边的珠大于或等于加数，可直接拨上加数，这是最简单情况下的珠算加法运算。例：253 +631 =884

2. 直接减法

在减法运算中，拨上被减数后，靠梁的珠大于或等于减数，可直接拨去减数，这是最简单情况下的珠算减法运算。例：846 -231 =615

（二）补五加法和破五减法

1. 补五加法

在加法运算中，被加数已占用一部分下珠，但没有占用本挡上珠，再加上加数，本挡下珠已不够用，这就需要拨上珠靠梁，同时把本挡多加的数（凑数）减去，这就是补五加法。

要　领	规　律	指　法
下加不够 补五去凑	+1 = +5 -4 +2 = +5 -3 +3 = +5 -2 +4 = +5 -1	双下

例：4,424 +3,241 =7,665

2. 破五减法

在减法运算中，被减数已占用上珠或同时占用一部分下珠，若减上减数，本挡下珠已不够用，这就只能动用靠梁上珠，同时把本挡多减的数（凑数）加上，这就是破五减法。

要　领	规　律	指　法
下减不够 破五加凑	−1 = −5 +4 −2 = −5 +3 −3 = −5 +2 −4 = −5 +1	双上

例：7,665 −3,241 =4,424

（三）直接进位加法

当两数相加之和等于或大于10时，需向前一挡进1，并在本挡再减去多加的数（即加数的补数），这种加法叫直接进位加法。

要　领	规　律	指　法
本挡满十 减补进一	+1 = −9 +10 +2 = −8 +10 +3 = −7 +10 +4 = −6 +10	双分 + 上推
	+5 = −5 +10	前后上
	+6 = −4 +10 +7 = −3 +10 +8 = −2 +10 +9 = −1 +10	扭进

例：2,456 +9,754 =12,210

（四）破五进十加法

如果被加数大于或等于五，再加上6、7、8、9时，本挡满10但不能直接进位，需同时破五减再进位，这种加法叫破五进十的加法。此加法其实是进位加和破五减的结合运用。

要　领	规　律	指　法
本挡满十 减补进一	+6 = +1 −5 +10 +7 = +2 −5 +10 +8 = +3 −5 +10 +9 = +4 −5 +10	双上 + 上推

例：6,765 + 6,789 = 13,554

五、珠算快速加法

算盘是靠手指拨动算珠来进行运算的，手指拨动的快慢和次数直接影响运算的速度和准确性。但手指拨动的频率是有限度的，当手指拨珠频率达到一定程度后，再想提高就有一定难度了。因此计算方法的更新、计算技巧的采用就是唯一可行的途径。把珠算和心算结合起来，可以减少拨珠次数，提高运算速度。

常用的快速加法运算有一目两行法、一目三行法和一目五行法等。下面以一目三行法为例。

一目三行法就是将三行数从高位到低位（或从低位到高位）逐位竖看，心算出同位上三个数字之和，并将合数拨入算盘相应的挡位上。

例：

+5,776
+4,768
+3,731
\+ 45,156
+7,850
+9,953
= ?

运算过程如下：

第一次一目三行运算：

+5,776
+4,768
+3,731

12　　心算千位挡三数之和为 5 + 4 + 3 = 12，在万位挡 + 1，千位挡 + 2
21　　心算百位挡三数之和为 7 + 7 + 7 = 21，在千位挡 + 2，百位挡 + 1
16　　心算拾位挡三数之和为 7 + 3 + 6 = 16，在百位挡 + 1，拾位挡 + 6
15　　心算个位挡三数之和为 6 + 1 + 8 = 15，在拾位挡 + 1，个位挡 + 5

盘上得数为 14,275

第二次一目三行运算：

+45,156
+7,850
+9,953

4　在万位挡 + 4，盘上得数为 54,275

21　心算千位挡三数之和为 5 + 7 + 9 = 21，在万位挡 + 2，千位挡 + 1，盘上得数为 75,275

18　心算百位挡三数之和为 1 + 9 + 8 = 18，在千位挡 + 1，百位挡 + 8，盘上得数为 77,075

15　心算拾位挡三数之和为 5 + 5 + 5 = 15，在千位挡 + 1，拾位挡 + 5，盘上得数为 77,225

9　心算个位挡三数之和为 6 + 0 + 3 = 9，个位挡 + 9，盘上得数为 77,234

最终得数为 77,234

如果一行一行算，则要运算 25 次；而采用一目三行法，则只需要运算 9 次，减少了拨珠次数。熟练掌握后，可快速提高运算速度和准确度。

技能练习

1. 训练任务

（1）熟练运用无诀加减法进行运算。

（2）训练题一——分项练习。

【一位数直接加法练习】

0 + 1　0 + 2　0 + 3　0 + 4　0 + 5　0 + 6　0 + 7　0 + 8　0 + 9

1 + 1　1 + 2　1 + 3　1 + 5　1 + 6　1 + 7　1 + 8

2 + 1　2 + 2　2 + 5　2 + 6　2 + 7

3 + 1　3 + 5　3 + 6

4 + 5

5 + 1　5 + 2　5 + 3　5 + 4

6 + 1　6 + 2　6 + 3

7 + 1　7 + 2

8 + 1

【多位数直接加法练习】

①0 + 123,456,789　②223 + 765　③116 + 272　④351 + 628

⑤20,103 + 987,654,321　⑥3,207 + 80,662　⑦185 + 714　⑧408 + 591

【一位数直接减法练习】

9 - 1　9 - 2　9 - 3　9 - 4　9 - 5　9 - 6　9 - 7　9 - 8　9 - 9

8 - 1　8 - 2　8 - 3　8 - 5　8 - 6　8 - 7　8 - 8

7 - 1　7 - 2　7 - 5　7 - 6　7 - 7

6 - 1　6 - 5　6 - 6

5 - 5

4 - 1　4 - 2　4 - 3　4 - 4

3 - 1　3 - 2　3 - 3

2 - 1　2 - 2

1 - 1

【多位数直接减法练习】

①123,456,789 - 123,456,789　②786,456,948 - 30,455,938

③789 - 626　④999 - 829　⑤764 - 552　⑥56,938 - 826

【一位数补五加法练习】

4 + 1　4 + 2　4 + 3　4 + 4

3 + 2　3 + 3　3 + 4

2 + 3　2 + 4

1 + 4

【多位数补五加法练习】

①4,444 + 1,234　②333 + 234　③22 + 34　④4,321 + 1,234

⑤243 + 332　⑥422 + 234　⑦348 + 231　⑧450,321 + 127,234

【一位数破五减法练习】

5 - 1　5 - 2　5 - 3　5 - 4　8 - 4　7 - 4　7 - 3　6 - 4　6 - 3

6 - 2

【多位数破五减法练习】

①5,555 - 1,234　②5,555 - 4,321　③877 - 443　④6,266 - 4,032

⑤5,678 - 4,334　⑥785 - 443　⑦656 - 342　⑧755,585 - 354,321

【一位数直接进位加法练习】

9 + 1　9 + 2　9 + 3　9 + 4　9 + 5　9 + 6　9 + 7　9 + 8　9 + 9

8 + 2　8 + 3　8 + 4　8 + 5　8 + 6　8 + 7　8 + 8　8 + 9

7 + 3　7 + 4　7 + 5　7 + 8　7 + 9

6 + 4　6 + 5　6 + 9

5 + 5

4 + 6　4 + 7　4 + 8　4 + 9

3 + 7　3 + 8　3 + 9

2 + 8　2 + 9

1 + 9

【多位数直接进位加法练习】

①999,989,999 + 123,456,789　②489 + 937　③762 + 558

④263 + 857　⑤337 + 784　⑥89,489 + 34,937

⑦56,763 + 255,558　⑧9,762 + 809,59

【一位数破五进十加法练习】

8 + 6　7 + 6　6 + 6　5 + 6

7 + 7　6 + 7　5 + 7

5 + 8　5 + 9

【多位数破五进十加法练习】

①5,555 + 6,789　②7,765 + 6,666　③765 + 777　④55 + 89

⑤655 + 898　⑥875 + 678　⑦60,664 + 76,879　⑧6,564 + 256,987

（3）训练题二——综合练习，参考《珠算加法》试题一 ~《珠算加法》试题四（附后）

2. 训练要求

（1）熟悉加减法的运算步骤。

（2）了解凑数和补数的概念。

3. 训练考核参考标准

考核参考标准参考财政部规定会计人员的珠算技能考核标准。

财政部于 1985 年 9 月 17 日以（85）财会字第 60 号文件批复中国珠算协会，同意将《全国珠算技术等级鉴定标准》作为考核会计人员珠算水平的试行标准。文件规定："自一九八六年七月一日起，凡担任会计员专业职务的人员，对其珠算技能的考核，达到该《标准》普通五级的，即为珠算技能合格。"

珠算技术普通五级标准是：

加减法十题，每题十五行，每题共五十个数码字；

表法 2 位 ×3 位、2 位 ×4 位，3 位 ×3 位共十题；

除法的除数是 2 位、3 位和被除数是 4 ~ 5 位的共十题；要求保留小数 2 位，以下四舍五入。

以上三十道题，要求在二十分钟内算完，并要求三个项目都要达到八题以上准确无误，才算合格。

《珠算加法》试题一

（一）	（二）	（三）	（四）	（五）
23 545	2 273	564	5 643	4 532
3 201	2 367	6 297	369	46 421
345	2 646	3 469	4 694	2 322
1 526	2 921	5 322	71	34
54	6 309	502	3 605	343
5 147	6 246	422	3 224	3 609
923	423	6 427	24	346
621	9 242	65	697	628
9 234	2 597	4 636	35	967
742	924	224	214	342
48	342	94	2 034	492
643	329	653	336	856
675	569	162	961	527
273	2 341	4 263	4 663	2 275

（六）	（七）	（八）	（九）	（十）
23 453	23 545	453	453	4 532
22	2 654	11	5 249	2 179
534	4 537	1 432	265	3 262
695	24	424	552	582
211	422	8 024	262	3 436
354	4 696	7 421	2 412	652
482	247	527	38	18
973	62	64	4 665	4 652
621	82	498	218	62
96	622	34	2 424	379
6 734	923	6 334	631	9 724
512	2 468	304	27	346
6 222	488	426	226	546
4 682	5 214	7 422	4 627	572

《珠算加法》试题二

（一）	（二）	（三）	（四）	（五）
33 489	6 921	2 131	2 316	3 212
227	2 654	51	5 349	2 178
534	4 537	1 432	265	3 262
695	72	424	552	582
11	422	8 024	262	3 436
353	4 696	7 421	2 412	52
482	47	527	38	618
973	262	24	4 665	4 652
621	82	498	2 213	262
91	622	234	2 424	379
6 734	2 923	6 334	631	9 724
2 512	2 468	134	27	346
6 222	488	3 206	226	546
4 682	5 214	7 422	4 627	572

（六）	（七）	（八）	（九）	（十）
33 542	2 375	3 334	43 634	2 425
5 321	2 366	6 297	269	46 421
345	2 646	469	4 694	2 321
1 526	2 921	5 322	371	34
256	2 639	2 502	365	6 343
145	246	422	32 204	3 609
923	423	6 427	23	346
621	9 242	6 605	697	628
9 234	2 597	4 636	35	967
742	6 924	224	214	342
48	342	94	2 034	492
643	329	53	336	856
675	569	162	961	527
273	2 341	4 263	4 663	2 275

《珠算加法》试题三

(一)	(二)	(三)	(四)	(五)
23 102	23 154	898	67 435	5 646
5 321	2 367	2 297	2 367	46 421
2 345	2 645	3 469	4 694	2 322
1 524	2 921	5 322	71	234
54	2 639	52	365	343
147	6 246	4 202	3 224	367
923	4 023	6 427	24	346
621	9 242	605	6 907	6 208
9 234	2 597	4 636	35	967
742	924	224	214	342
48	342	94	2 034	492
643	329	653	336	856
675	569	162	961	527
273	2 341	4 263	4 663	2 275

(六)	(七)	(八)	(九)	(十)
25 452	6 925	2 887	2 351	32 347
22	2 654	311	5 249	2 179
2 534	4 537	14 302	265	3 262
695	2 224	2 424	2 552	2 582
211	422	8 024	262	3 436
354	4 696	7 421	2 412	652
482	247	527	38	18
973	62	64	4 665	4 652
621	82	498	218	62
96	622	34	2 424	379
6 734	923	6 334	631	9 724
512	2 468	34	27	346
6 222	488	426	226	546
4 682	5 214	7 422	4 627	572

《珠算加法》试题四

(一)	(二)	(三)	(四)	(五)
4 533	9 453	6 543	432	34 322
4 032	2 654	101	5 249	1 179
531	4 537	1 432	22 605	32 602
695	24	423	552	582
211	7 422	8 024	262	3 436
354	4 696	7 421	2 412	652
482	2 246	2 527	234	218
9 273	962	964	4 665	4 652
621	82	4 908	9 218	962
996	622	34	2 424	379
26 734	923	6 334	631	9 724
512	2 468	34	27	346
6 222	488	426	226	546
4 682	5 214	7 422	4 627	572

(六)	(七)	(八)	(九)	(十)
23 623	3 216	121	1 233	2 325
321	2 367	6 297	369	46 421
345	2 646	3 469	4 694	322
1 526	2 921	5 322	71	34
504	639	502	365	2 343
25 147	6 246	422	43 224	369
923	2 423	26 427	224	2 346
62 001	9 242	65	1 697	6 128
9 234	25 097	4 636	35	9 607
742	922	2 204	204	342
48	342	94	2 034	9 492
643	329	1 653	336	856
675	9 569	9 162	9 961	527
9 273	2 341	34 262	4 663	2 274

附录一 财务工作岗位数字书写练习纸

时间：__________

班级：__________

姓名：__________

千	百	十	万	千	百	十	元	角	分	千	百	十	万	千	百	十	元	角	分	千	百	十	万	千	百	十	元	角	分	千	百	十	万	千	百	十	元	角	分

零	壹	贰	叁	肆	伍	陆	柒	捌	玖	拾	佰	仟	万	亿	元	角	分	整

附录二　全国职业院校银行手工业务点钞竞赛规程

1. 项目任务

（1）点钞捆钞。

（2）填制现金存款凭条。

（3）提交结果。

2. 比赛环境

（1）每台位按顺序放置壹佰元、伍拾元、贰拾元、拾元、伍元、贰元、壹元、伍角8种面额的人民币点钞专用券（比赛采用保定融钞纸制品销售有限公司的“全国中职生、大学生银行技能竞赛专用券”）若干，每种面值各300～320张。

（2）计算机自动评分系统设有“中国工商银行现金存款凭条”（样式见下）提交单一份，已填制好存款人相关信息、款项来源、缴款人、存款日期等信息，灰色表明该项目无须填写，其他项目应按需填写。

ICBC　中国工商银行　现金存款凭条

日期：XXXX年 XX月 XX日

存款人	全称	XXXXXXXXXXXXXXX		
	账号	XXXXXXXXXXXXXXX	款项来源	XXXXXXXXXXXXXXX
	开户行	XXXXXXXXXXXXXXX	交款人	(选手代码)
金额（大写）			金额（小写）	亿 千 百 十 万 千 百 十 元 角 分

票面	张数	十	万	千	百	十	元	票面	张数	千	百	十	元	角	分	备注
壹佰元								伍角								
伍拾元								贰角								
贰拾元								壹角								
拾元								伍分								
伍元								贰分								
贰元								壹分								
壹元								其他								

第一联银行核对联

3. 操作流程

（1）选手提前十分钟进入考场，按指定位置入座并开启比赛自动评分系统，按照比赛台面上的选手号和密码登录至倒计时界面。

（2）登录成功后系统进入倒计时，倒计时为“0”时开始拿取点钞专用券运用手持式点钞法进行清点；为了体现比赛的公平性，提前拿取点钞专用券的按照作弊处理，本项目记“0”分（即在倒计时为“0”之前，选手身体的任何部位不得接触点钞专用券）。

（3）选手分面额点钞、捆扎，要求100张/捆，剩余相同面额不足100张的不打捆，捆扎质量要求符合行业通用要求。

（4）按照计算机屏幕显示的“中国工商银行现金存款凭条”填写各种面额的张数和金额，要求按不同面额实时分步填写。

（5）提前完成的选手可以提前“提交”，比赛时间到，系统会自动“提交”。“提交”后系统不接受任何输入。“提交”后选手应立即起立，不得继续任何操作。然后按监考员指引现场检验捆扎质量，签字后离开考场，否则按照作弊处理，本项目记“0”分。

4. 评分办法

（1）本项目总分100分。

（2）本项目采用计算机系统自动评分与现场裁判评分相结合的评分办法，实行分面额计分制。

（3）按计算机事先设置的采分点，选手每录入一个正确数字（包括张数和金额）可得6.25分，每种面值12.5分，共100分；未在规定时间内录入或录入不正确的该采分点不得分。

（4）①录入和提交正确但未完成捆扎的该面值不得分；②已捆扎的点钞专用券质量不合格的每捆扣2分，最多扣10分；③没有盖章或盖章不清楚的每把扣1分，最多扣5分；④本项目最低为零分，不出现负分，由现场裁判当场评定并填写“点钞扣分记录表”交裁判组汇总。

5. 有关说明

（1）举办方提供长、短两种捆钞条（长捆钞条长52厘米、宽2厘米，短捆钞条长35厘米、宽2厘米）、白纸、签字笔和点钞蜡，选手进入考场不得携带任何其他工具（如指套等）。

（2）选手点清每一种面额，应及时捆扎，并及时向计算机录入，以免未及时捆扎或未及时录入而失分。

（3）捆扎不符合要求分为三种情况：①散把或能自然抽张，②扎把过紧呈船型，③成把券未墩齐，露头部分上下或左右错开超过5毫米；上述三种捆扎扣分的情况在一把中同时出现两种以上的不重复扣分，即每把最多扣2分，且不合格捆扎扣分与该票面是否得分不关联，在100分的总分中直接扣除。

（4）竞赛时间10分钟。不可用计算器进行汇总。

附录三　全国职业院校银行手工业务点钞扣分记录表

点钞扣分现场记录表

代表队编号：

捆扎质量原始记录

100 元面值：捆扎不合格______把；未捆扎______把；盖章不合格______把；
50　元面值：捆扎不合格______把；未捆扎______把；盖章不合格______把；
20　元面值：捆扎不合格______把；未捆扎______把；盖章不合格______把；
10　元面值：捆扎不合格______把；未捆扎______把；盖章不合格______把；
5　元面值：捆扎不合格______把；未捆扎______把；盖章不合格______把；
2　元面值：捆扎不合格______把；未捆扎______把；盖章不合格______把；
1　元面值：捆扎不合格______把；未捆扎______把；盖章不合格______把；
5　角面值：捆扎不合格______把；未捆扎______把；盖章不合格______把；

合计：捆扎不合格__________把；扣__________分
　　　未捆扎__________把；扣__________分
　　　盖章不合格__________把；扣__________分

总计：扣__________分。

说明：

1. 每把钞券捆扎质量出现不合格情况，每把扣 2 分。

不合格情况为：（1）散把或能自然抽张；（2）扎把过紧呈船型；（3）成把券未墩齐，露头部分上下错开超过 5 毫米。

上述三种捆扎不合格的情况在一把中同时出现一种以上的不重复扣分，即每把最多扣 2 分。本项目不设负分，即最低得分为零分。

2. 钞券盖章不完整、印记模糊无法辨认的每把扣 1 分。

选手签名：

现场裁判签名：

裁判长签名：

附录四 会计基本技能“计算器翻打传票”竞赛样卷

竞赛时间10分钟。请按顺序答题；答案小数点后保留2位小数，元以上统一按3位一节用“分节号”分开，统一书写格式示范：¥8,124,635.70。

序号	起止页数	行次	答案	序号	起止页数	行次	答案
1	1~10	(一)	¥6,296,137.88	16	41~50	(一)	
2	65~74	(二)		17	35~44	(三)	
3	56~65	(四)		18	2~11	(五)	
4	35~44	(一)		19	11~20	(一)	
5	42~51	(五)		20	48~57	(四)	
6	49~58	(一)		21	79~88	(二)	
7	59~68	(五)		22	65~74	(一)	
8	45~54	(三)		23	6~15	(五)	
9	55~64	(四)		24	3~12	(一)	
10	41~50	(五)		25	13~22	(三)	
11	74~83	(三)		26	58~67	(一)	
12	66~75	(一)		27	45~54	(三)	
13	28~37	(二)		28	79~88	(二)	
14	36~45	(五)		29	65~74	(三)	
15	70~79	(一)		30	6~15	(四)	

此部分评分标准：答对一题为5分，限时不限量。

附录五　全国职业院校银行手工业务传票算竞赛规程

1. 项目任务

（1）录入票据。

（2）汇总票据。

（3）提交结果。

2. 比赛环境

（1）每台位提供传票算练习册三把（如下图），练习册标准为：对角五行式百张传票，每张传票对角同型号各印有五行4～7位的数字，其中小数点后两位，小数点前2～5位；小数点前从右往左每隔3位加一个千分位号，每把传票中4位、5位、6位和7位的数字出现概率各占25%，随机分布；型号和页码（如下图“E1”）印在右上角，数字顺序号印在数字之前［如下图“（一）”］，由选手按“凭证汇总结果提交表”指定的型号和页码顺序将每30张传票中顺序号相同的数字相加并将结果填入表中提交，在比赛时间内以正确汇总的组数为计分依据。

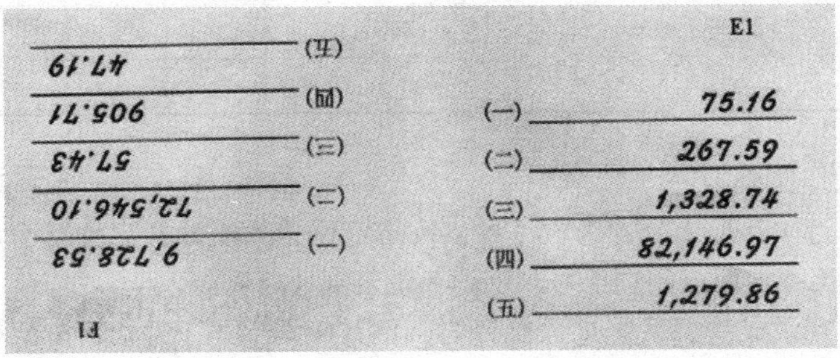

（2）计算机自动评分系统内的“凭证汇总结果提交表”样式如下。

凭证汇总结果提交表

型号和页码范围	数字顺序号	汇总结果								
E70－E99 （比赛时的型号和页码范围由系统随机指定）	（一）									
	（二）									
	（三）									
	（四）									
	（五）									

续表

型号和页码范围	数字顺序号	汇总结果								
E2 - E31	（一）									
	（二）									
	（三）									
	（四）									
	（五）									
F52 - F81	（一）									
	（二）									
	（三）									
	（四）									
	（五）									
F10 - F39	（一）									
	（二）									
	（三）									
	（四）									
	（五）									

3. 操作流程

（1）选手提前十分钟进入考场，按指定位置入座并开启比赛自动评分系统，按照比赛台面上的选手号和密码登录至倒计时界面。

（2）登录成功后系统进入倒计时，倒计时为“0”时开始拿取带长尾夹的传票算练习册进行数据汇总；为了体现比赛的公平性，提前拿取或整理传票算练习册的按照作弊处理，本项目记“0”分（即在倒计时为“0”之前，选手身体的任何部位不得接触传票算练习册）。

（3）选手使用指定计算器进行数据汇总（比赛提供夏普 EL - 2135 计算器），可在比赛倒计时为“0”之前调试计算器，但不得录入任何传票算练习册中的数字。

（4）倒计时为“0”后按指定页码范围选定传票分组，使用现场提供的计算器汇总。

（5）将汇总结果及时填入自动评分系统的“凭证汇总结果提交表”（无

须填写千分位号和小数点，但计算结果小数点后两位为零时，需补零），提前完成的选手可以提前“提交”，比赛时间到后系统也会自动“提交”，“提交”后系统不接受任何输入。

4. 评分办法

（1）该项目总分100分。

（2）该项目采用计算机系统自动评分办法，按正确答案数记分。

（3）按计算机事先设置的采分点，选手每提交一个正确数字可得5分，提交不正确的不得分。

5. 有关说明

（1）举办方提供带长尾夹的传票算练习册、白纸、签字笔和计算器，选手进入考场不得携带任何其他工具（如非大赛指定的计算器、键盘和隔板等）；选手可调试计算器按键是否正常，如有异常可向监考员申请更换备用计算器。

（2）本项目共100分，评分时以“凭证汇总结果提交表”为唯一依据。

附录六　全国职业院校银行手工业务字符录入竞赛规程

1. 项目任务

（1）按照顺序对照输入系统内置的随机汉字、英文、数字和标点符号。

（2）提交结果。

2. 比赛环境

（1）系统提供内置由常用汉字（选自国家标准 GB 2312—1980“一级字库”）、英文、数字、标点符号构成的随机字符集合作为输入内容，共 1 600 个字符。其中，常用汉字占 70%，英文字母分大小写共占 10%，阿拉伯数字占 10%，标点符号占 10%。

（2）系统提供对照原文进行字符输入的环境，当输入错误时系统用不同颜色提示，选手可修改也可在错误的基础上继续；输入环境如下图，系统自动根据选手输入的速度和正确率评分。

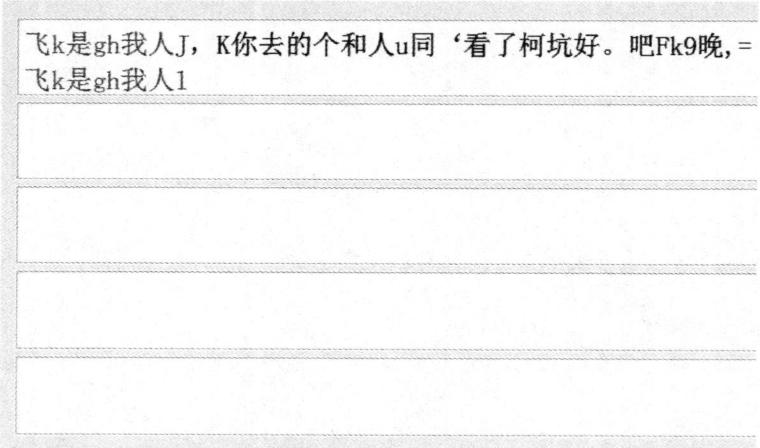

3. 操作流程

（1）选手提前十分钟进入考场，按指定位置入座并开启比赛自动评分系统，按照比赛台面上的选手号和密码登录至倒计时界面。

（2）登录成功后系统进入倒计时，选手在倒计时期间可选择输入法，倒计时为“0”时开始对照原文输入。

（3）提前完成的选手可以提前“提交”，比赛时间到后系统会自动“提交”，“提交”后系统不接受任何输入。

4. 评分办法

（1）该项目分值为 100 分。

（2）该项目采用计算机系统自动评分办法。

（3）选手提交后，按计算机事先设置的采分点，一个正确字符得 0.062 5 分，一个错误字符按该字符分值的 3 倍扣分（本项目最低为零分，不出现负分）。

5. 有关说明

（1）出现输入错误可以修改，也可以跳过输入错误字符继续对照输入，但跳过的字符按照错误处理。

（2）系统提供五笔字型输入法（提供极品五笔和王码五笔 86 版输入法）和拼音输入法（提供搜狗拼音、智能 ABC 和微软全拼输入法），由选手自主决定采用哪种输入法，选手不得下载和使用其他输入法。

附录七 《珠算》竞赛样卷

竞赛时间 10 分钟。请按顺序答题；答案小数点后保留 2 位小数，元以上统一按 3 位一节用“分节号”分开，统一书写格式示范：￥87,635.00；试卷上不能有任何标记。

（一）	（二）	（三）	（四）	（五）
3 583	8 942	637	4 899	5 424
1 345	265	6 297	487	568
628	6 462	69	4 694	21
24 832	895	532	71	34
4 228	69	23	65	59
534	646	897	3 224	897
34	568	6 427	24	7 346
621	942	65	697	628
198	2 597	466	7 456	957
7 321	924	224	214	342
23	95	94	2 034	492
621	564	653	36	86
1 258	569	162	961	527
226	26 487	7 434	4 662	487
￥45,452.00				
（六）	（七）	（八）	（九）	（十）
8 971	58	8 971	598	5 687
265	5 689	11	5 492	5 687
7 534	4 377	712	2 657	362
695	24	424	52	582
34	46	8 024	262	346
354	696	721	2 412	652
482	247	527	38	28
973	62	64	461	4 652
621	82	498	218	62
96	622	34	2 424	379
6 734	923	6 334	631	9 724
512	2 468	34	27	346
622	495	426	226	546
265	568	564	567	265

此部分评分标准：答对一题为 10 分。

附录八 《中华人民共和国人民币管理条例》

第一章 总则

第一条 为了加强对人民币的管理，维护人民币的信誉，稳定金融秩序，根据《中华人民共和国中国人民银行法》，制定本条例。

第二条 本条例所称人民币，是指中国人民银行依法发行的货币，包括纸币和硬币。

从事人民币的设计、印制、发行、流通和回收等活动，应当遵守本条例。

第三条 中华人民共和国的法定货币是人民币。以人民币支付中华人民共和国境内的一切公共的和私人的债务，任何单位和个人不得拒收。

第四条 人民币的单位为元，人民币辅币单位为角、分。1 元等于 10 角，1 角等于 10 分。

人民币依其面额支付。

第五条 中国人民银行是国家管理人民币的主管机关，负责本条例的组织实施。

第六条 任何单位和个人都应当爱护人民币。禁止损害人民币和妨碍人民币流通。

第二章 设计和印制

第七条 新版人民币由中国人民银行组织设计，报国务院批准。

第八条 人民币由中国人民银行指定的专门企业印制。

第九条 印制人民币的企业应当按照中国人民银行制定的人民币质量标准和印制计划印制人民币。

第十条 印制人民币的企业应当将合格的人民币产品全部解缴中国人民银行人民币发行库，将不合格的人民币产品按照中国人民银行的规定全部销毁。

第十一条 印制人民币的原版、原模使用完毕后，由中国人民银行封存。

第十二条 印制人民币的特殊材料、技术、工艺、专用设备等重要事项属于国家秘密。印制人民币的企业和有关人员应当保守国家秘密；未经中国人民银行批准，任何单位和个人不得对外提供。

第十三条 未经中国人民银行批准，任何单位和个人不得研制、仿制、引进、销售、购买和使用印制人民币所特有的防伪材料、防伪技术、防伪工艺和专用设备。

第十四条　人民币样币是检验人民币印制质量和鉴别人民币真伪的标准样本，由印制人民币的企业按照中国人民银行的规定印制。人民币样币上应当加印“样币”字样。

第三章　发行和回收

第十五条　人民币由中国人民银行统一发行。

第十六条　中国人民银行发行新版人民币，应当报国务院批准。

中国人民银行应当将新版人民币的发行时间、面额、图案、式样、规格、主色调、主要特征等予以公告。

中国人民银行不得在新版人民币发行公告发布前将新版人民币支付给金融机构。

第十七条　因防伪或者其他原因，需要改变人民币的印制材料、技术或者工艺的，由中国人民银行决定。

中国人民银行应当将改版后的人民币的发行时间、面额、主要特征等予以公告。

中国人民银行不得在改版人民币发行公告发布前将改版人民币支付给金融机构。

第十八条　中国人民银行可以根据需要发行纪念币。

纪念币是具有特定主题的限量发行的人民币，包括普通纪念币和贵金属纪念币。

第十九条　纪念币的主题、面额、图案、材质、式样、规格、发行数量、发行时间等由中国人民银行确定；但是，纪念币的主题涉及重大政治、历史题材的，应当报国务院批准。

中国人民银行应当将纪念币的主题、面额、图案、材质、式样、规格、发行数量、发行时间等予以公告。

中国人民银行不得在纪念币发行公告发布前将纪念币支付给金融机构。

第二十条　中国人民银行设立人民币发行库，在其分支机构设立分支库，负责保管人民币发行基金。各级人民币发行库主任由同级中国人民银行行长担任。

人民币发行基金是中国人民银行人民币发行库保存的未进入流通的人民币。

人民币发行基金的调拨，应当按照中国人民银行的规定办理。任何单位和个人不得违反规定动用人民币发行基金，不得干扰、阻碍人民币发行基金的调拨。

第二十一条 特定版别的人民币的停止流通，应当报国务院批准，并由中国人民银行公告。

办理人民币存取款业务的金融机构应当按照中国人民银行的规定，收兑停止流通的人民币，并将其交存当地中国人民银行。

中国人民银行不得将停止流通的人民币支付给金融机构，金融机构不得将停止流通的人民币对外支付。

第二十二条 办理人民币存取款业务的金融机构应当按照中国人民银行的规定，无偿为公众兑换残缺、污损的人民币，挑剔残缺、污损的人民币，并将其交存当地中国人民银行。

中国人民银行不得将残缺、污损的人民币支付给金融机构，金融机构不得将残缺、污损的人民币对外支付。

第二十三条 停止流通的人民币和残缺、污损的人民币，由中国人民银行负责回收、销毁。具体办法由中国人民银行制定。

第四章 流通和保护

第二十四条 办理人民币存取款业务的金融机构应当根据合理需要的原则，办理人民币券别调剂业务。

第二十五条 禁止非法买卖流通人民币。

纪念币的买卖，应当遵守中国人民银行的有关规定。

第二十六条 装帧流通人民币和经营流通人民币，应当经中国人民银行批准。

第二十七条 禁止下列损害人民币的行为：

（一）故意毁损人民币；

（二）制作、仿制、买卖人民币图样；

（三）未经中国人民银行批准，在宣传品、出版物或者其他商品上使用人民币图样；

（四）中国人民银行规定的其他损害人民币的行为。

前款人民币图样包括放大、缩小和同样大小的人民币图样。

第二十八条 人民币样币禁止流通。

人民币样币的管理办法，由中国人民银行制定。

第二十九条　任何单位和个人不得印制、发售代币票券，以代替人民币在市场上流通。

第三十条　中国公民出入境、外国人入出境携带人民币实行限额管理制度，具体限额由中国人民银行规定。

第三十一条　禁止伪造、变造人民币。禁止出售、购买伪造、变造的人民币。禁止走私、运输、持有、使用伪造、变造的人民币。

第三十二条　单位和个人持有伪造、变造的人民币的，应当及时上交中国人民银行、公安机关或者办理人民币存取款业务的金融机构；发现他人持有伪造、变造的人民币的，应当立即向公安机关报告。

第三十三条　中国人民银行、公安机关发现伪造、变造的人民币，应当予以没收，加盖“假币”字样的戳记，并登记造册；持有人对公安机关没收的人民币的真伪有异议的，可以向中国人民银行申请鉴定。

公安机关应当将没收的伪造、变造的人民币解缴当地中国人民银行。

第三十四条　办理人民币存取款业务的金融机构发现伪造、变造的人民币，数量较多、有新版的伪造人民币或者有其他制造贩卖伪造、变造的人民币线索的，应当立即报告公安机关；数量较少的，由该金融机构两名以上工作人员当面予以收缴，加盖“假币”字样的戳记，登记造册，向持有人出具中国人民银行统一印制的收缴凭证，并告知持有人可以向中国人民银行或者向中国人民银行授权的国有独资商业银行的业务机构申请鉴定。对伪造、变造的人民币收缴及鉴定的具体办法，由中国人民银行制定。

办理人民币存取款业务的金融机构应当将收缴的伪造、变造的人民币解缴当地中国人民银行。

第三十五条　中国人民银行和中国人民银行授权的国有独资商业银行的业务机构应当无偿提供鉴定人民币真伪的服务。

对盖有“假币”字样戳记的人民币，经鉴定为真币的，由中国人民银行或者中国人民银行授权的国有独资商业银行的业务机构按照面额予以兑换；经鉴定为假币的，由中国人民银行或者中国人民银行授权的国有独资商业银行的业务机构予以没收。

中国人民银行授权的国有独资商业银行的业务机构应当将没收的伪造、变造的人民币解缴当地中国人民银行。

第三十六条　办理人民币存取款业务的金融机构应当采取有效措施，防止以伪造、变造的人民币对外支付。

办理人民币存取款业务的金融机构应当在营业场所无偿提供鉴别人民币

真伪的服务。

第三十七条 伪造、变造的人民币由中国人民银行统一销毁。

第三十八条 人民币反假鉴别仪应当按照国家规定标准生产。

人民币反假鉴别仪国家标准，由中国人民银行会同有关部门制定，并协助组织实施。

第三十九条 人民币有下列情形之一的，不得流通：

（一）不能兑换的残缺、污损的人民币；

（二）停止流通的人民币。

第五章 罚则

第四十条 印制人民币的企业和有关人员有下列情形之一的，由中国人民银行给予警告，没收违法所得，并处违法所得 1 倍以上 3 倍以下的罚款，没有违法所得的，处 1 万元以上 10 万元以下的罚款；对直接负责的主管人员和其他直接责任人员，依法给予纪律处分：

（一）未按照中国人民银行制定的人民币质量标准和印制计划印制人民币的；

（二）未将合格的人民币产品全部解缴中国人民银行人民币发行库的；

（三）未按照中国人民银行的规定将不合格的人民币产品全部销毁的；

（四）未经中国人民银行批准，擅自对外提供印制人民币的特殊材料、技术、工艺或者专用设备等国家秘密的。

第四十一条 违反本条例第十三条规定的，由工商行政管理机关和其他有关行政执法机关给予警告，没收违法所得和非法财物，并处违法所得 1 倍以上 3 倍以下的罚款；没有违法所得的，处 2 万元以上 20 万元以下的罚款。

第四十二条 办理人民币存取款业务的金融机构违反本条例第二十一条第二款、第三款和第二十二条规定的，由中国人民银行给予警告，并处 1000 元以上 5000 元以下的罚款；对直接负责的主管人员和其他直接责任人员，依法给予纪律处分。

第四十三条 故意毁损人民币的，由公安机关给予警告，并处 1 万元以下的罚款。

第四十四条 违反本条例第二十五条、第二十六条、第二十七条第一款第二项和第四项规定的，由工商行政管理机关和其他有关行政执法机关给予警告，没收违法所得和非法财物，并处违法所得 1 倍以上 3 倍以下的罚款；没有违法所得的，处 1000 元以上 5 万元以下的罚款。

工商行政管理机关和其他有关行政执法机关应当销毁非法使用的人民币图样。

第四十五条　办理人民币存取款业务的金融机构、中国人民银行授权的国有独资商业银行的业务机构违反本条例第三十四条、第三十五条和第三十六条规定的，由中国人民银行给予警告，并处1000元以上5万元以下的罚款；对直接负责的主管人员和其他直接责任人员，依法给予纪律处分。

第四十六条　中国人民银行、公安机关、工商行政管理机关及其工作人员违反本条例有关规定的，对直接负责的主管人员和其他直接责任人员，依法给予行政处分。

第四十七条　违反本条例第二十条第三款、第二十七条第一款第三项、第二十九条和第三十一条规定的，依照《中华人民共和国中国人民银行法》的有关规定予以处罚；其中，违反本条例第三十一条规定，构成犯罪的，依法追究刑事责任。

第六章　附则

第四十八条　本条例自2000年5月1日起施行。

参考文献

[1] 蔡宝兰．财经基本技能：第 3 版 [M]．北京：电子工业出版社，2017.

[2] 陆兴凤．财经基本技能 [M]．北京：人民邮电出版社，2016.

[3] 尤婷婷．杨荣华．金融基本技能与实训 [M]．北京：化学工业出版社，2015.

[4] 雷玉华．银行柜员基本技能实训 [M]．北京：人民邮电出版社，2011.